UN MARTES MÁS TRANQUILO

Laura Vanderkam

UN MARTES MÁS TRANQUILO

9 maneras de aplacar el caos
y darse tiempo para lo que sí importa

AGUILAR

El papel utilizado para la impresión de este libro ha sido fabricado a partir de madera procedente de bosques y plantaciones gestionadas con los más altos estándares ambientales, garantizando una explotación de los recursos sostenible con el medio ambiente y beneficiosa para las personas.

Un martes más tranquilo
9 maneras de aplacar el caos y darse tiempo para lo que sí importa

Título original: *Tranquility by Tuesday. 9 Ways to Calm the Chaos and Make Time for What Matters*

Primera edición: marzo, 2023

D. R. © 2022, Laura Vanderkam

Esta edición fue publicada por acuerdo con Portfolio,
sello editorial de Penguin Publishing Group, división de Penguin Random House LLC
This edition published by arrangement with Portfolio, an imprint of Penguin Publishing Group, a division of Penguin Random House LLC

D. R. © 2023, derechos de edición mundiales en lengua castellana:
Penguin Random House Grupo Editorial, S. A. de C. V.
Blvd. Miguel de Cervantes Saavedra núm. 301, 1er piso,
colonia Granada, alcaldía Miguel Hidalgo, C. P. 11520,
Ciudad de México

penguinlibros.com

D. R. © Penguin Random House / Amalia Ángeles, por el diseño de portada
D. R. © Istock, por la ilustración de portada
D. R. © Michael Falco, por la fotografía de la autora
D. R. © 2023, Alejandra Ramos, por la traducción

Penguin Random House Grupo Editorial apoya la protección del *copyright*.
El *copyright* estimula la creatividad, defiende la diversidad en el ámbito de las ideas y el conocimiento, promueve la libre expresión y favorece una cultura viva. Gracias por comprar una edición autorizada de este libro y por respetar las leyes del Derecho de Autor y *copyright*. Al hacerlo está respaldando a los autores y permitiendo que PRHGE continúe publicando libros para todos los lectores.

Queda prohibido bajo las sanciones establecidas por las leyes escanear, reproducir total o parcialmente esta obra por cualquier medio o procedimiento así como la distribución de ejemplares mediante alquiler o préstamo público sin previa autorización.
Si necesita fotocopiar o escanear algún fragmento de esta obra diríjase a CemPro (Centro Mexicano de Protección y Fomento de los Derechos de Autor, https://cempro.com.mx).

ISBN: 978-607-382-735-5

Impreso en México – *Printed in Mexico*

Para Henry

Índice

Introducción 11

PRIMERA PARTE
APLACA EL CAOS

Hábitos fundamentales para asumir
el control de tu tiempo 29

Regla 1
    Fija una hora para irte a dormir 31

Regla 2
    Usa los viernes para planificar 55

Regla 3
    Muévete antes de las 3 p.m. 81

SEGUNDA PARTE
HAZ QUE SUCEDAN COSAS BUENAS

Hábitos para hacer más de lo que sí importa 105

Regla 4
    Tres veces a la semana forman un hábito 107

Regla 5
    Reserva un espacio de respaldo 129

Regla 6
    Una gran aventura, una pequeña aventura 149

Regla 7
    Tómate una noche 171

TERCERA PARTE
DESPERDICIA MENOS TIEMPO

Hábitos para generar más espacios de restauración 199

Regla 8
    Agrupa las tareas triviales 201

Regla 9
    Mejor con esfuerzo que sin esfuerzo 223

Conclusión 245
Agradecimientos 251
Apéndice 253
Notas 254

INTRODUCCIÓN

Todos tenemos 24 horas en un día y vivimos las mismas 168 que tiene la semana. Sin embargo, en ciertas épocas de la vida experimentamos esas horas de una manera más intensa que en otras.

Si has elegido leer este libro, tal vez sea porque estás atravesando un torbellino. Las mañanas son una carrera para lograr que toda la familia salga por la puerta. El ritmo de los días laborales lo marcan las reuniones de trabajo y las *deadlines*. Las noches llegan mucho más rápido de lo que te parece posible. El lunes despiertas y, cuando te detienes un instante a respirar, de repente te das cuenta de que ya es jueves. Los fines de semana exigen que impongas una serie particular de órdenes marciales para asegurarte de que todos lleguen adonde se supone que deben estar, más o menos a la hora que dijeron que llegarían. Las horas tienen que darte todo lo que les exiges.

Yo también vivo años así. Un día cualquiera en mi circo suburbano puede incluir alguna de las ridiculeces que implica criar a mis cinco hijos, Jasper, Sam, Ruth, Alex y Henry, tomando en cuenta su amplio rango de edades: desde un bebé hasta los adolescentes. Mi esposo Michael y yo manejamos la logística de dos carreras profesionales y siempre hay alguna otra actividad que podríamos estar realizando. En los años recientes de pandemia decidimos incrementar la complejidad de nuestras vidas, así que adquirimos y renovamos una casa histórica y trajimos un cachorro al hogar. No fue una imposición, fueron cosas que anhelábamos y decidimos hacer. El resultado es que, algunos días, nos sentimos como malabaristas equilibrando más de 10 platos en varas. A veces pasa que alguno tiene programada una reunión antes de la hora del inicio de clases y, de pronto, llega un trabajador a reparar ese electrodoméstico que lleva tiempo averiado. El perro necesita estar en otro lugar mientras yo doy un discurso en línea, y si participo en una videoconferencia por la noche, ya tarde, el hijo que suele usar mi laptop para sus tutorías necesitará contar con otra computadora.

Quizá tú también sientes que tu vida es como una de las pistas de este circo. Tal vez te lanzaste ahí por decisión personal, o también es probable que un día hayas despertado y comprendido que los engranajes de tu maquinaria se multiplicaron mientras estabas un poco distraído. Pero no te preocupes: es posible mantener los platos girando sobre las varas. Cuando utilizas tus calendarios, agendas y sistemas de planificación puedes ser muy bueno para gestionar el tiempo, pero el desempeño exige tanto esfuerzo que es muy sencillo que sucesos de poca importancia agraven la situación, y entonces puedes sentir que la vida te arrastra. Los años se te escurren entre los dedos y desaparecen mientras tú te encuentras en un estado general de estrés o fatiga porque inviertes demasiada energía mental en preocuparte por la logística cotidiana.

He pasado los últimos 15 años escribiendo sobre la administración del tiempo. He visto los horarios de miles de personas. He hablado con ellas respecto a las dificultades que enfrentan. Me he dado cuenta de que el hecho de que a la gente exitosa le pregunten con frecuencia "¿Cómo lo logras?" en realidad es una manera de expresar un lamento por el cansancio generalizado. No lo dicen porque quieran saber cómo organizar un horario de verano o dirigir reuniones que empiecen y terminen a tiempo, aunque este tipo de habilidades sea importante. En sí, lo que la gente quiere es averiguar cómo puede *disfrutar* del tiempo que tiene y tendrá mientras esté en este planeta. Las personas quieren dejar de sentir que, si no están en una constante carrera contra el reloj, están deseando que el tiempo pase rápido. Quizá necesitemos que nuestros minutos nos provean todo lo que les exigimos, pero como los platos que mantenemos en equilibrio no van a dejar de girar como por arte de magia, tendremos que aplacar el caos y encontrar la alegría en medio de nuestros atareados días. No tiene caso esperar a que lleguen las vacaciones porque, de todas formas, si todavía tienes un bebé que en esas vacaciones no sigue sus horarios normales, no te vas a relajar. La vida no será menos frenética la siguiente semana ni el año que viene. ¿Cuándo tenemos que darnos tiempo para lo que importa? *Ahora*. Necesitamos estrategias prácticas y sencillas para que las cosas sucedan en el presente.

Las lecciones aprendidas en los registros de tiempo

Estar tranquilo significa sentirse sereno y en paz, estar libre de la agitación. Cuando empecé a ponderar esta palabra, imaginé la meditación silenciosa en algún retiro en las montañas, en un lugar donde no escucharía los sopladores de hojas en los jardines, ni el martilleo del proyecto de renovación del techo del vecino.

Sin embargo, entre más lo pensaba y analizaba, más me daba cuenta de que no notaríamos la serenidad si en la vida todo estuviera sereno. Cuando los alcohólicos que están en proceso de superar su adicción rezan la famosa Oración de la Serenidad y piden "serenidad para aceptar las cosas que no puedo cambiar" y "valor para cambiar las cosas que puedo", por lo general no enfrentan una vida en la que todo funcione de maravilla. El objetivo es tener tranquilidad incluso si la vida es complicada, desafiante y, en ocasiones, caótica.

En una ocasión, un lector expresó este deseo de la siguiente forma: "Quiero despertarme y sentir anhelo, porque sé que, sin importar los dilemas que puedan presentarse, hay un plan". Yo quiero estrategias que permitan que la vida se viva mejor, que sea más manejable y gozosa, incluso el martes, cuando voy manejando para llevar a mis hijos a sus actividades, o cuando tengo que esperar cada pausa de los jardineros y sus ensordecedoras máquinas mientras podan los árboles del vecino, para intercalar la grabación de mis *podcasts*.

Por todo esto, al mismo tiempo que he estado analizando los horarios de otras personas y compartiendo con la gente, a través de libros y conferencias, todo lo que he aprendido, también he tratado de implementar las estrategias más promisorias en mi propia vida. Gracias a eso, en la última década he logrado resumir todas estas ideas y causar el mayor impacto posible con nueve reglas prácticas.

- Fija una hora para irte a dormir
- Usa los viernes para planificar
- Muévete antes de las 3 p.m.
- Tres veces a la semana forman un hábito
- Reserva un espacio de respaldo
- Una gran aventura, una pequeña aventura
- Tómate una noche
- Agrupa las tareas triviales
- Mejor con esfuerzo que sin esfuerzo

Todas estas frases pegajosas se enfocan en conceptos profundos respecto al tema que exploraremos en este libro: la administración del tiempo. Sin embargo, también sugieren acciones claras y directas. Cuando me rijo por estas reglas, percibo que mi vida es mejor, me siento más en control de todos los aspectos que suelen escapárseme de las manos a toda velocidad. Mi existencia es rica y plena, como

Introducción

si aprovechara mejor el tiempo que me ha sido otorgado porque no hago cosas solo por llenar un calendario, sino porque quiero administrar y proteger las posibilidades de la vida. De esta manera puedo decirles "sí" a las oportunidades cuando se presentan. Hago espacio para escribir, correr, cantar y leer, y para las aventuras que me inyectan la energía que requiero para llevar a cabo todo lo que necesito hacer.

He visto que estas estrategias les funcionan a otras personas que están sumergidas en esos años atareados en los que uno construye una carrera y forma una familia al mismo tiempo.

Es el caso de una pareja que usaré como ejemplo. Cuando sus niños pequeños crecieron y ya no se vieron forzados a irse a dormir a las 8 p.m., el matrimonio perdió el tiempo que compartía por las noches. No obstante, aprendieron la Regla 4: "Tres veces a la semana forman un hábito". Revisaron sus horarios semanales y descubrieron que, para reestructurar su tiempo como pareja, podían almorzar juntos; ir a tomar algo a un bar del vecindario mientras en casa se entretenían los niños que ya tenían edad suficiente para quedarse solos, y conversar algunos minutos en la terraza los fines de semana.

Una profesora que necesitaba horas para escribir artículos y publicarlos, pero carecía de tiempo porque con frecuencia tenía que renunciar a su plan por cumplir con sus responsabilidades académicas, aprendió la Regla 5: "Reserva un espacio de respaldo". Estos espacios permitieron que lo que en verdad le importaba sucediera, incluso cuando las cosas no salían como las había planeado. No resulta sorprendente que haya podido acelerar el paso y enviar sus artículos a tiempo.

Una ocupada ingeniera de software que tenía tres niños aprendió la Regla 7: "Tómate una noche", la cual se refiere a tomar una noche de descanso y alejarse de las responsabilidades laborales y familiares. Adoptar este hábito le permitió establecer un partido semanal de tenis con sus hermanas, hecho que aumentó en gran medida la alegría en su vida.

El proyecto Un martes más tranquilo

Me encanta recibir mensajes de la gente contándome sobre sus transformaciones. Me fascina enterarme de la manera en que mejoran sus horarios y de los cambios positivos que mucha gente hace en su comunidad cuando ya no se siente exhausta y abrumada. Vivimos en un mundo enorme, así que un buen detective puede encontrar anécdotas sobre prácticamente cualquier cosa. Cuando recomiendo algo, siempre quiero confirmar que mi consejo en verdad le fue útil a alguien, pero para lograr eso, necesito que la gente ponga a prueba mis reglas de forma sistemática y me envíe sus comentarios sobre los cambios que se produjeron en su vida.

Para averiguar si las reglas de este libro le funcionaban a alguien además de mí y las personas que recibían mis correos electrónicos, en la primavera de 2021 fundé el proyecto Un martes más tranquilo. Este proyecto es, en realidad, un estudio sobre el uso y la percepción del tiempo. Quise averiguar si la gente ocupada podía implementar en su vida cambios prácticos que le permitieran sentirse mejor respecto a su tiempo. Recopilé información cuantitativa sobre la satisfacción, así como una enorme cantidad de observaciones sobre la vida y los horarios de los participantes.

Aproximadamente 150 personas completaron este programa de 10 semanas. La mayoría, 65 por ciento, trabajaba más de 35 horas pagadas por semana, y 71 por ciento tenía niños menores de 18 años viviendo en casa.

Al principio del estudio la gente completó un registro o bitácora de un día completo. En él escribieron de qué manera pasaron el día anterior. Esto me ayudó a comprender sus actitudes y comportamientos básicos relacionados con la administración del tiempo. Con base en una escala de 7 puntos, los participantes respondieron en qué medida estaban de acuerdo o en desacuerdo con varias afirmaciones sobre su satisfacción con el tiempo. Por ejemplo: "Ayer avancé

Introducción

en mis objetivos profesionales" o "Ayer tuve suficiente energía para hacerme cargo de mis responsabilidades" (en el Apéndice encontrarás mi escala completa de la satisfacción respecto al tiempo). Asimismo, la gente respondió preguntas sobre sus inquietudes particulares y sobre qué funcionaba y qué no.

Me preocupaba que la gente ocupada contestara de forma lacónica a las preguntas abiertas, pero no tenía caso. Cuando insté a los participantes a reflexionar respecto a sus horas y su vida, todos compartieron reflexiones personales muy profundas sobre lo difícil que era aplacar el caos y darse tiempo para lo que en verdad importaba: preocupaciones que parecen tener todas las personas que enfrentan el torbellino de los años vertiginosos.

- "Suelo terminar haciendo las cosas al último minuto, y eso me estresa muchísimo".
- "Siempre siento que estoy corriendo para ponerme al día, rara vez tengo todo bajo control, a pesar de que creo contar con un sistema de planeamiento bastante bueno".
- "Tengo el mal hábito de sobreestimar lo que puedo lograr en un día o en una semana. Me permito hacer listas poco reales de pendientes, y luego me siento culpable por no avanzar lo suficiente".
- "Pierdo el tiempo haciendo cosas como limpiar, administrar y dar mantenimiento".
- "En mi departamento no tenemos suficientes empleados, y aunado a las pocas horas que da servicio la guardería, mi viaje interurbano de más de una hora y el *burnout* general, me cuesta trabajo llevar a cabo mis tareas en la semana, y a menudo tengo que trabajar entre siestas los fines de semana".
- "En mi oficina organizan demasiadas juntas para discutir sobre nada".

- "Cuando estoy en el trabajo, me la paso pensando en los niños, y cuando estoy con los niños, me la paso pensando en el trabajo".
- "Mi lista de pendientes del trabajo es interminable. He tratado de aplicar distintos sistemas para priorizar, pero nada me funciona. Tengo una lista de pendientes personales que llevo a cabo a la hora del almuerzo, pero luego tengo que trabajar al mismo tiempo. Tengo una lista de pendientes personales en la que quiero trabajar después de la cena, pero cuando termino de lavar los trastes ya no tengo energía… Por eso siento que siempre estoy posponiendo todo".
- "Mi vida es caótica, tengo que hacer malabares con varias pelotas. En ocasiones me siento estresado y abrumado".
- "Termino mis tareas del día a día, pero me cuesta trabajo avanzar en los proyectos u objetivos a largo plazo".
- "A pesar de que pasamos mucho tiempo con los niños, siento que, por el momento, no realizamos ninguna actividad de calidad juntos".
- "Tengo poco tiempo para mí y termino desvelándome demasiado, porque quiero tenerlo".
- "En lugar de hacer algo que me relaje de verdad, cuando tengo tiempo libre desperdicio la mayor parte en redes sociales leyendo cosas negativas y noticias sobre catástrofes".
- "Me encanta leer, hacer ejercicio, cocinar por gusto… pero cuando hago estas cosas me siento culpable incluso si se presenta la oportunidad. Estoy tan acostumbrada a sentir que estoy haciendo algo productivo y que voy a tachar un pendiente de mi lista, que ya no disfruto de estas actividades como antes. **El tiempo libre sin culpa es un concepto muy elusivo**".
- "Todo el tiempo siento que me faltan horas en el día para encargarme de mi vida y de mi familia".

Por suerte, no todas las noticias fueron malas. Mucha de la gente que reflexionó sobre sus horarios y su vida también encontró aspectos positivos. Estaban siendo muy productivos, por ejemplo. Cumplían con sus fechas límite. Sus niños llegaban a tiempo adonde debían estar. Pero, claro, muchos afirmaron sentir que pasaban todo el tiempo "trabajando o cuidando a los niños", como dijo alguien por ahí. La gente tiene poco tiempo para las actividades que podrían imbuirle más alegría y significado a su vida.

Comprendo bien todas estas dificultades, pero también creo que es posible tomar ciertas medidas prácticas para enfrentarlas, incluso cuando sentimos que nuestros años son tan atareados que no nos queda ni un minuto. Nunca podremos tener más horas en un día, por eso necesitamos aprender a funcionar con lo que contamos.

Nueve semanas, nueve reglas

Después de responder la encuesta inicial, los participantes recibieron algunos correos cada semana, durante las nueve que duró el proceso. Los viernes les enviaba una descripción breve de una estrategia de administración del tiempo. Luego respondían algunas preguntas sobre cómo planeaban aplicar la regla de la semana en su vida. Les pedía que anticiparan los impedimentos y que pensaran cómo los enfrentarían. Los lunes les enviaba un correo con un recordatorio sobre la estrategia. Los jueves enviaba un correo de seguimiento que incluía una encuesta sobre cómo les había ido en la semana. ¿De qué manera implementaron cada regla? ¿Qué les funcionó? ¿Qué no les funcionó? ¿Planeaban continuar aplicándola? También les preguntaba si seguían usando las de las semanas anteriores.

Al final de las nueve semanas, los participantes recibieron una encuesta de seguimiento con un formato de registro para las actividades de un día, así como más preguntas sobre cómo se sentían respecto a su tiempo. Luego continué el monitoreo para ver qué reglas se habían convertido en hábito: un mes y tres meses después.

La buena noticia es que estas nueve estrategias prácticas mejoraron la vida de los participantes. Las opiniones sobre el nivel de satisfacción respecto a su tiempo también mejoraron y hubo un aumento significativo entre la encuesta inicial y la realizada una vez terminado el proyecto. El nivel de satisfacción de la gente en relación con la manera en que invertía su tiempo "en general" aumentó 16 por ciento entre el inicio del proyecto y el final, nueve semanas después. La satisfacción en torno a cómo usaron su tiempo "el día anterior" aumentó 17 por ciento.

Como grupo, los participantes mejoraron en todas las mediciones sobre el tiempo, pero algunos de los progresos más notables se presentaron en "cuán feliz se sentía la gente respecto a su tiempo libre". Los participantes se sentían menos propensos a pensar que estaban desperdiciando el tiempo. La aceptación de la frase "Ayer me sentí feliz respecto a cómo pasé mi tiempo libre" aumentó 20 por ciento entre la encuesta inicial y la final. La aceptación de la afirmación "Ayer no desperdicié tiempo en actividades que no son importantes para mí" dio un salto de 32 por ciento, del inicio al final del proyecto.

Estas cifras me hicieron feliz, claro, pero las reflexiones de los participantes fueron la mayor recompensa. En el formato de registro de actividades que incluí en la encuesta final vi una sorprendente cantidad de signos de exclamación en los comentarios de la gente respecto al impacto que las reglas tuvieron en su vida. También dieron detalles más específicos, les fue más sencillo recordar qué habían hecho el día anterior (las calificaciones en relación con el recuerdo aumentaron 7 por ciento de la encuesta inicial a la final). Los participantes vieron lo que lograron al elegir cómo invertir su tiempo. Uno de ellos comentó: "Desperté a las 6:30 a.m. sintiendo que había descansado bien porque la noche anterior me acosté entre 10 p.m. y 10:30 p.m.", y "Fui muy productivo durante mis horas de trabajo porque, como planeé la semana con anticipación, tuve una noción clara de lo que necesitaba hacer".

Este sentimiento de satisfacción apareció incluso en registros en los que se presentaron situaciones difíciles. Una participante que estaba siguiendo la regla "Una gran aventura, una pequeña aventura" había planeado un picnic con una amiga, pero cuando estaba a punto de salir, descubrió que alguien había robado el convertidor catalítico de su automóvil.

Por lo que se puede leer en su registro, consiguió que alguien la llevara y pudo asistir al picnic de todas maneras.

"El proyecto Un martes más tranquilo me ha animado a tener una intención más clara al usar mi tiempo cuando necesito gozar y descansar", escribió un participante. "La mayor sorpresa fue descubrir lo sencillo que era aplicar cada regla y la gran diferencia que marcaban semana a semana. Tal vez no todo fue siempre perfecto, pero incluso implementar una regla de manera parcial me permitió notar el cambio", escribió otra.

Creo que tú tendrás los mismos resultados. Si sigues estas nueve reglas también te sentirás más satisfecho con tu tiempo de manera general y respecto a la forma en que pases las horas un martes común y corriente.

Cómo debes leer este libro

Cada capítulo del libro cubre una de las nueve maneras de aplacar el caos y darse tiempo para lo que sí importa: por qué funciona la regla, cuál es la filosofía que la respalda y de qué forma la puedes implementar en tu vida, como lo hicieron los participantes de mi proyecto. Las reglas se dividen en tres categorías:

Primero tenemos las reglas fundacionales que promueven el bienestar y nos animan a pensar de manera más estratégica respecto al tiempo.

Después analizaremos las estrategias para lograr que sucedan cosas buenas y aprenderemos a incluir de manera consciente más actividades disfrutables en nuestra agenda sin importar los imprevistos.

Por último, examinaremos la manera de desperdiciar menos tiempo, es decir, cómo pasar menos horas haciendo cosas en las que todos preferiríamos enfocarnos menos a largo plazo.

Para incrementar el impacto de estas reglas, te recomiendo leer de principio a fin todo el libro para familiarizarte con el contenido. Luego puedes regresar al inicio y tratar de implementar las reglas en orden. Puedes ir sumando una regla cada semana como lo hicieron los participantes del proyecto Un martes más tranquilo, o incluso una cada mes, si lo que buscas es iniciar un proyecto personal a largo plazo. Cada vez que abordes una nueva regla, hazte las preguntas de planeamiento que aparecen al final de cada capítulo; estas te ayudarán a pensar en cómo la regla podría funcionar en tu vida y, si anticipas los impedimentos, también te servirán para enfrentarlos mejor. Una vez que hayas incorporado y probado la regla por algún tiempo, ve a las preguntas de implementación. ¿Cómo funcionó la estrategia? ¿Tuviste que hacer modificaciones? ¿Te enfrentaste a impedimentos inesperados o distintos? De ser así, ¿qué puedes hacer al respecto?

Puedes empezar a seguir algunas de las reglas de inmediato y notar los resultados, como "Mejor con esfuerzo que sin esfuerzo". Para otras, como "Usa los viernes para planificar", necesitarás dejar pasar unas semanas antes de percibir los efectos. Algunas, como "Tómate una noche", podrían requerir de un periodo más amplio para ejercer cambios, en especial si decides comprometerte con un proyecto a largo plazo. Si lees el libro de principio a fin y luego regresas al inicio y diseñas un programa para abordar las reglas, una por una, podrás tomar en cuenta las diferencias entre las distintas estrategias.

Introducción

Te sugiero que vayas en orden porque las reglas se van construyendo una sobre la otra. A medida que leas el libro, tal vez descubras que ya has implementado algunas, al menos, durante algún tiempo. Muchos de los participantes del proyecto Un martes más tranquilo comentaron que eran estudiantes devotos de los libros para el desarrollo personal y la productividad, y, claro, esta fue una razón más para emocionarme al ver que los niveles de satisfacción respecto a su tiempo habían aumentado tanto. A todos nos resultan útiles los recordatorios para no olvidar los buenos hábitos. Cada capítulo contiene una estrategia *bonus* que se puede poner a prueba después de haber convertido la regla principal en hábito, pero es para los lectores de un nivel más avanzado. Estos pequeños cambios podrían ayudarte a obtener más beneficios cada vez que vayas a dar el siguiente paso.

Por otra parte, también es posible que algunas de las reglas no te parezcan útiles porque, naturalmente, todos tenemos una vida distinta. Aunque considero que las reglas de Un martes más tranquilo se pueden aplicar en un sinfín de casos, sus efectos serán más evidentes para la gente que tiene menos injerencia en la manera en que usa su tiempo debido a que tiene un trabajo de tiempo completo y porque está comprometida a cuidar o encargarse de alguien más. Asimismo, es probable que, por una u otra razón, te parezca que no puedes seguir algunas de estas reglas, lo cual podría ser cierto: tú conoces mejor tus circunstancias. Sin embargo, a veces la resistencia es interesante en sí misma. ¿Por qué crees que esa regla en específico no te funcionará? Si muestras una fuerte reticencia, quizá valdría la pena explorar la razón. Otras personas muy ocupadas han logrado moverse para las 3 p.m. o dejar algo de espacio en su vida, y también les ha resultado útil. A veces, una reacción de este tipo significa que la estrategia cuestiona algo que se ha dado por hecho durante algún tiempo. Tal vez podrías tomarte unas horas para analizar por qué te causa tanta dificultad el cambio y ver qué pasa.

¿Y qué hay de la gente a la que no le gustan las reglas? "Si llamarles 'reglas' las hace parecer demasiado rígidas, piensa en ellas como lineamientos, y no te preocupes si no todas te dan excelentes resultados —sugirió un participante—. Añadir unos cuantos lineamientos es mucho mejor que nada". Puedes llamarles "experimentos" y ponerlas a prueba como un proceso repetitivo de la manera en que se organiza tu vida. No te estás comprometiendo a nada, solo vas a jugar con un concepto por una semana y luego harás otra cosa. Quizá no te sirva en absoluto o tal vez te sorprendas, pero no podrás saberlo hasta que no lo intentes.

Puedes abordar las reglas de Un martes más tranquilo solo, pero si sientes que respondes mejor cuando hay otras personas involucradas, entonces lee el libro con uno o dos amigos, o amigas. Lean un capítulo, envíense las respuestas de planeamiento y, una semana después, pónganse en contacto para enviarse las respuestas sobre la implementación. De esa manera, se ayudarán entre sí a mantenerse encarrilados.

La felicidad sucede en horas

Tener tranquilidad en medio del frenesí de la vida moderna es muy difícil. Sin duda, es más complicado que lidiar con los elementos básicos de la administración del tiempo como, por ejemplo, imaginar cuánto te tomará empacar para un viaje. También es un objetivo más nebuloso que lograr un ascenso en el trabajo o cerrar un trato con un importante cliente nuevo. Sin embargo, imagino que tú ya eres una persona productiva y ambiciosa.

Por todo lo anterior, voy a prometerte algo diferente: quiero que te sientas bien respecto a tu tiempo. Si aplicas estas nueve estrategias en tu vida, creo que te sentirás más satisfecho con tus horas; serás más feliz en tu tiempo libre y estarás más consciente de su existencia. Incluso podrás describir mejor cómo usas tu tiempo porque tus

Introducción

intenciones serán más claras al decidir emplearlo en las actividades que te dan alegría. También te volverás muy serio en relación con el gozo, tanto, que encontrarás la manera de llegar a ese picnic incluso si un robo anula tu plan A. Otras personas igual de ocupadas que tú se sintieron 17 por ciento más satisfechas con la forma en que pasaron el día anterior, tras haber aprendido estas reglas. Sintieron que perdieron menos tiempo, incluso en los casos de quienes ya eran muy productivos al comenzar el proyecto.

Quiero que tú obtengas los mismos resultados.

Cuando pensamos en "gozo" y "felicidad", solemos preguntarnos si los grandes elementos de una vida maravillosa forman parte de la nuestra: el empleo prestigioso, una familia amorosa, una casa bella. Todo esto es relevante; sin embargo, la felicidad se experimenta en la manera en que pasamos y usamos nuestras horas. Si todos los días son iguales, si te sientes aletargado porque pasas demasiado tiempo sentado, o si estás exhausto porque no duermes lo suficiente, si rara vez tienes tiempo para ese absorbente trabajo que sí te parece significativo, para tus pasatiempos o para ponerte en contacto con los amigos que te hacen reír, hasta el empleo prestigioso y la familia amorosa empezarán a parecerte rutinarios. Y, claro, no podemos permitir que esto suceda porque, incluso si aplicamos prácticas de gratitud o si publicamos en las redes sociales fotografías con el *hashtag* #bendecido o #bendecida, el resentimiento puede perdurar.

También quiero ayudarte con este predicamento. Creo que los grandes elementos de tu vida pueden ser buenos y, por lo tanto, no quiero que los cambies, lo que quiero que modifiques es la manera en que pasas un martes cualquiera. Quiero que sepas que hasta un día común y corriente puede incluir ligereza y propósito, que pronto vendrán mejores tiempos, y que cuando surjan las inevitables crisis, podrás mantenerte bien encaminado sin importar lo que suceda.

Un martes más tranquilo

La vida está llena de posibilidades, incluso a medio trayecto o a la mitad de una videoconferencia por Zoom. Hace poco, por ejemplo, tuve que realizar una segunda visita al notario público porque cometí un error administrativo en el primer formulario; sin embargo, también pude disfrutar de una caminata en un lugar que no conocía, y de esa manera me aseguré de "Moverme antes de las 3 p.m." y vivir la segunda parte de la regla "Una gran aventura, una pequeña aventura". Trabajé en un rompecabezas de mil piezas entre el momento en que acosté a mi bebé y la hora de mandar a la cama a los niños grandes, es decir, disfruté de diversión "con esfuerzo" antes de la diversión mecánica que no exige esfuerzo. Y, por último, aunque lo hice con firmeza, también fui atenta y cariñosa conmigo misma al forzarme a acostarme a una hora razonable ("Fija una hora para irte a dormir"), y esto me ayudó a pasar un rato por la mañana con mi bebé sin sentirme somnolienta: mientras él jugaba, yo bebí una taza de café y me sentí serena.

Ese momento duró unos cuatro minutos. Luego reinició el circo con los actos de costumbre: otro hijo llorando, el perro que no deja de ladrar. Sin embargo, cuatro minutos así pueden representar una experiencia profunda.

PRIMERA PARTE

Aplaca el caos

Hábitos fundamentales para asumir el control de tu tiempo

Imagínate a ti mismo un martes cualquiera. Las exigencias laborales y familiares son incesantes como de costumbre. Sientes emoción al despertar. Descansaste como es debido. Tienes energía para hacer lo que necesitas y cuentas con un plan para recargar tus niveles de vigor cuando, de forma inevitable, disminuyan a lo largo del día. Analizas tu agenda y notas que, aunque está llena, incluye horas que podrás dedicar a asuntos que son importantes, pero no urgentes, y que le añadirán alegría a tu vida. Sabes qué cosas deberán suceder y también tienes un plan para llevarlas a cabo.

¿Acaso no sería maravilloso sentirte así?

Bien, esa es la promesa de las primeras tres reglas de Un martes más tranquilo. A primera vista, estas reglas son para el bienestar de manera general porque necesitamos abordar nuestra vida con energía y optimismo. Dormir lo suficiente y tener actividad física nos permite aumentar nuestra capacidad y mejorar nuestro humor. Tener una noción general de lo que necesitamos y de lo que queremos hacer con nuestro tiempo, así como un plan para que todas las actividades se lleven a cabo, evitará que nos sintamos abrumados. Por eso necesitamos fijar una hora para irnos a dormir, planificar los viernes y movernos antes de las 3 p.m. Estos hábitos esenciales permitirán que, casi de forma inmediata, te sientas mejor cada hora del día.

Un martes más tranquilo

Estas reglas también tienen un propósito más profundo: nos instan a pensar en nuestro tiempo con una perspectiva estratégica. Cuando nos fijamos una hora para irnos a dormir, le estamos dando forma al día. Empezamos a tomar decisiones más activas y meditadas respecto a lo que cada día puede, o no, contener. Al planificar los viernes, comenzamos a pensar en nuestro "yo" futuro, en cómo podemos avanzar de manera gradual hacia nuestras metas a largo plazo. Cada vez que nos comprometemos a movernos antes de las 3 p.m., podemos ver desde una perspectiva crítica incluso los días más ocupados; buscamos espacios y sabemos que tenemos el poder de aumentar nuestra capacidad de hacer cosas complicadas.

Dicho de otra forma, nos convertimos en maestros artesanos de nuestro horario. Primero inspeccionamos las semanas y luego reducimos el análisis a las horas, y, a medida que nos familiarizamos con el material, nos volvemos más diestros. Establecemos los cimientos para crear algo hermoso, y eso es lo que nos emociona al levantarnos de la cama un martes cualquiera.

REGLA 1
Fija una hora para irte a dormir

Los "cinco minutitos más" se consiguen durmiendo antes.

En algún lugar, en un margen nebuloso de la memoria, visualizo una escena. Estoy en la habitación de mi hermano cuando éramos niños. Estamos inventando elaboradas tramas para jugar con nuestras figuras de acción de Playmobil. En el día dirigen una escuela, un hotel y un grupo de *tap*. Luego llega la tarde ficticia y acostamos a los niños. ¿Y los adultos? Anunciamos con una sonrisa de complicidad que *se quedarán despiertos toda la noche*.

Ahora me río de esta anécdota, de la idea de quedarse despierto toda la noche como un privilegio de la adultez. Porque, ahora que soy adulta, siento que pierdo buena parte de mi energía tratando de convencer a los habitantes más jóvenes de mi hogar de que se vayan a acostar para que yo pueda hacer lo mismo. Pero siempre hay otra cosa a punto de suceder. El bebé quiere que lo vuelva a arrullar. Tenemos que guardar la tarea de alguien en su mochila. Alguien más olvidó decirme algo muy importante: una historia zigzagueante que dura minutos antes de llegar al final.

Yo adoro mis horas de sueño y me gusta pensar que el sueño me adora a mí, sin embargo, él y yo hemos tenido que esforzarnos mucho para mantener nuestra relación todos estos años con bebés y, en mi dilema específico de la mediana edad, con niños que se despiertan temprano y adolescentes que no se quieren acostar sino hasta la madrugada. En tiempos recientes me he convertido en una aguda observadora de las peculiaridades del sueño. Un sueño fantástico me deja entrever de pronto a un niño que llora y, unos minutos después, el sueño se evapora y estoy en mi cuarto con un niño que llora de verdad. En las distintas etapas de las edades de mis hijos, cuando me despertaba y me volvía a dormir varias veces al día, aprendí a reconocer en qué momento exacto me visitaba el sueño. Mi mente vagaba a algún lugar relacionado con mi vida y, luego, mientras un peso conocido se establecía, veía una escena que no podía estar sucediendo en realidad. A veces tenía sueños lúcidos, en especial durante las siestas que necesitaban mis bebés porque no dormían bien. Estaba consciente, pero, al mismo tiempo, en mi mente rondaban cosas en las que usualmente no pensaba.

Conozco bien la resignación de enfrentar un día adormilada, sin haber dormido lo suficiente, y también conozco la desesperación específica de no dormir varias noches consecutivas. Sin embargo, he detectado una peculiar paradoja que afecta a mucha gente a lo largo de los ajetreados años en los que tenemos que criar una familia y construir nuestra carrera. Es una paradoja cuyas ramificaciones cobran importancia a la hora de manejar nuestra agenda de una mejor manera.

Yo registro mi tiempo en hojas semanales de Excel. Todo mi tiempo. Desde abril de 2015 he registrado la forma en que he pasado cada media hora de mi vida. Para alguien que no estudia el tiempo a un nivel profesional, no tiene sentido hacer esto más de algunas semanas, pero puedo decirte que la ventaja de contar con información de periodos tan prolongados me ayuda a saber exactamente cuánto duermo y cuándo lo hago. Mi información contiene miles de días. Estos registros de años incluyen la primera infancia de mis hijos más pequeños, es decir, los últimos dos que tuve. En ellos se reflejan todos los momentos en que me desperté a medianoche,

Regla 1. Fija una hora para irte a dormir

así como los miserables fines de semana en que tuve que dejar la cama antes de que saliera el sol.

Ha habido etapas muy difíciles, pero, de una u otra manera, he logrado mantener mi promedio de sueño: 7.3-7.4 horas por día, en cualquier periodo de ocho semanas, aproximadamente. Esto se encuentra en el rango de entre siete y nueve horas diarias que, de acuerdo con la mayoría de los libros sobre este tema, deben dormir los adultos.

Los estudios más rigurosos de los diarios y registros nos dejan ver que la mayoría de la gente duerme lo suficiente desde la perspectiva cuantitativa. Gracias a la encuesta American Time Use en Estados Unidos, en la que miles de personas hablan sobre la manera en que pasaron el día anterior, entre las 4 a.m. y las 4 a.m., y que contempla los 365 días del año, se descubrió que en 2020 la persona promedio durmió 9.01 horas en un periodo de 24, lo que significa un aumento de la cifra previa de 2019: 8.84 horas. En 2019, los padres empleados con niños menores de seis años durmieron en promedio 8.32 horas (8.26 los hombres; 8.39 las mujeres). Nadie me cree cuando menciono esta estadística, pero mi análisis de los registros de gente con empleo y niños, en los cuales se incluye la información sobre cómo pasaron el día anterior, hora por hora, también arroja promedios cercanos a 8.00. Cuando trabajé en mi libro *I Know How She Does It*, les pedí a mujeres con niños en casa y empleos de alto nivel de exigencia profesional que registraran su tiempo durante una semana, y descubrí que, en promedio, dormían 7.7 horas al día.

Obviamente, eso nos hace preguntarnos: y entonces ¿por qué estamos tan cansados?

Y es que, sin duda, muchos nos sentimos así. Esta pregunta es esencial porque el sueño es la base de todos los otros buenos hábitos. La fatiga nos dificulta pensar en el futuro de forma estratégica y elegir bien respecto al tiempo. Descansar de manera adecuada estimula el desempeño cuando realizamos tareas cognitivas difíciles porque estamos menos distraídos y porque, cuando duermes bien, es más sencillo ser productivo.

A lo largo de los años he analizado miles de registros o bitácoras con el objetivo de comprender por qué, aunque la gente escribe lo que hace con su tiempo y parece dormir lo suficiente, de todas formas asegura en distintas encuestas que, en una noche "típica", duerme poco; o por qué, cuando se refiere a las horas de sueño, lo hace como lo describió la socióloga Arlie Hochschild en una ocasión: "De la misma manera que una persona hambrienta habla de comida".

Estoy convencida de que la culpa la tiene el *sueño agitado*. Una cifra promedio razonable puede ocultar el hecho de que la gente suele minimizar y luego exagerar sus testimonios, lo cual hace parecer que algunos días se sufre de fatiga, y, otros, de una incapacidad para mantener buenas rutinas. Esta situación, que es muy obvia para quienes tienen bebés o trabajan por turnos, es sorprendentemente común. Durante uno de mis análisis de registros, por ejemplo, descubrí que los martes 22 por ciento de la gente dormía por lo menos 90 minutos más, o menos, de lo que dormía los miércoles: una diferencia considerable.

Si le pregunto a alguien sobre sus noches típicas, me podría decir que duerme de la medianoche a las 6 a.m. El registro puede mostrar que, en efecto, esto sucedió dos veces la semana pasada, pero otras dos noches la persona se quedó dormida en el sofá frente al televisor a las 10 p.m., o se quedó dormida una hora mientras acostaba a su bebé, o cabeceó tres veces el jueves, y los fines de semana hizo algo distinto. El panorama general nos habla de un sueño de seis horas. El promedio podría ser 7.5, pero cada día se minimiza o se exagera, y eso fomenta el caos en la capacidad de la gente para funcionar. Esta práctica podría explicar por qué los resultados que arrojó en 2020 la encuesta anual Sleep in America de la National Sleep Foundation indican que la gente se sintió adormilada tres días por semana en promedio. Los días en que se exagera tampoco son particularmente favorables, es decir, cuando la gente escucha la alarma, pero no se despierta, o cuando su cuerpo la fuerza a sustituir el sueño por otras actividades. Es mucho mejor dormir la cantidad ideal todos los días.

No siempre podemos controlar el momento en que dormimos, pero dada la importancia del sueño para fortalecerse y sentirse bien, si logramos mantenernos alejados de esa montaña rusa en caída libre durante la que escatimamos y luego tratamos de recuperar el sueño perdido, veremos que la vida puede ser más serena. Como la mayoría de los adultos necesita despertarse a horas definidas para trabajar o atender sus responsabilidades familiares, la única variable con la que podemos jugar es la hora a la que nos acostamos la noche anterior.

Dicho de otra forma, a pesar de las fantasías que tuve con mis figuritas de Playmobil, incluso los adultos necesitan un momento determinado para dormir. Necesitan estar en la cama a una hora fija y, por eso, la **Regla 1 de Un martes más tranquilo es: Fija una hora para irte a dormir.**

Si quieres tener la energía y el optimismo adicionales que se obtienen cuando descansas bien, elige la hora en que te gustaría irte a dormir casi todas las noches. Luego comprométete a meterte a la cama en ese momento, a menos que tengas una razón de peso para no hacerlo.

Cómo irte a dormir

El proceso para definir e implementar una hora de acostarse consiste en cuatro pasos.

1. Decide a qué hora planeas levantarte la mayoría de los días de la semana.

   Sé honesto. Aunque la fantasía de levantarse a las 4 a.m. para correr 16 kilómetros y meditar media hora antes de prepararte un smoothie de kale suena divertida, si la semana pasada no hiciste nada de eso, tampoco empezarás ahora. Pregúntate qué hora por la mañana es más coherente de acuerdo con tu vida actual. Si por lo general te despiertan tus niños pequeños, registra tu tiempo algunas semanas para configurar una curva de campana que indique a qué hora se despiertan de manera definitiva. Después de eso podrás establecer la hora en que se levantan la mayoría de las mañanas.

2. Decide cuánto sueño necesitas.

Aquí también debemos ser honestos. La mayoría de los adultos que trabajan necesitan entre siete y nueve horas por día, pero casi siempre duermen entre siete y ocho. Poca gente necesita menos de seis y media horas por día, y aquí me refiero a unos cuantos durmientes cuya genética les exige pocas horas los fines de semana y las vacaciones. Si no estás seguro de cuánto necesitas, fíjate el objetivo de siete horas y media, y ve cómo te sientes. Si continúas quedándote dormido los fines de semana, entonces necesitas más horas. Si casi siempre te despiertas antes de que suene tu alarma, tal vez necesites menos.

3. Calcula a qué hora necesitas estar en la cama para obtener esa cantidad de sueño.

Este es un problema de matemáticas. Si necesitas despertarte a las 6 a.m. la mayoría de los días de la semana, y requieres de siete horas y media de sueño, entonces cuéntalas hacia atrás. Esto te dará como resultado 10:30 p.m.

Regla 1. Fija una hora para irte a dormir

Si necesitas despertar a las 8 a.m., puedes acostarte a las 12:30 a.m. Fijarte un momento específico para dormir no significa que tengas que estar en la cama a la misma hora que te acostabas cuando tenías 10 años. Si eres noctámbulo y no necesitas despertarte antes de las 10 a.m., tienes la libertad de elegir una hora que concuerde con esta situación.

Lo importante es que seas constante. Si tu vida te permite darte un respiro los fines de semana, puedes mover los horarios una hora, pero más de eso provocaría que la mañana del lunes fuera más dolorosa de lo necesario. Además, si tienes niños que no comprenden el concepto de los fines de semana, tal vez lo mejor sea que te apegues a la misma hora para acostarte y que organices tus noches tomándola en cuenta.

4. Establece una alarma que suene entre 15 y 30 minutos antes de tu hora oficial de acostarte para que puedas prepararte con tiempo.

Este último paso es fundamental. Si no empiezas a tomarte las cosas con calma cuando se acerque la hora de acostarte, necesitarás irte a la cama más tarde de lo previsto. Inicia el proceso por lo menos 15 minutos antes. Si quieres leer un rato o pasar algo de tiempo con tu pareja, programa la alarma para que suene antes y, cuando llegue el momento preciso, apaga las luces. Trata de hacer esto toda una semana y ve qué sucede. Como la mayoría de los adultos no pueden realmente dormirse "cinco minutitos más" o, al menos, no entre semana, tratar de acostarse a tiempo es la mejor manera de recrear la lujosa sensación de que estás de vacaciones y sin niños.

Perspectivas de los participantes: identificación de los obstáculos

Después de implementar la regla "Fija una hora para irte a dormir", les pedí a los participantes del proyecto Un martes más tranquilo que ejecutaran el proceso de cuatro pasos para encontrar su hora idónea para dormir.

El margen de las horas en que deseaban despertarse resultó sorprendente: oscilaba entre 3:30 a.m. y 8:30 a.m. Dijeron que necesitaban entre seis y nueve horas de sueño, pero en promedio 7.71. También necesitaban en promedio 30 minutos para relajarse. Para alguien que quiere despertarse a las 6 a.m. y necesita 7.75 horas de sueño, la hora sugerida de acostarse sería las 10:15 p.m., y la alarma debería sonar como a las 9:45 p.m. para contar con la media hora de relajamiento necesaria.

Alguien que desea despertarse a las 7 a.m. y requiere siete horas de sueño y una hora más para leer y relajarse, debería acostarse a la medianoche y programar su alarma para que suene alrededor de las 11 p.m.

Los participantes mantuvieron una mentalidad abierta respecto a esta regla a pesar de que, antes del proyecto, siempre les costó ser consistentes con sus horas de sueño. Solo unos cuantos señalaron que la regla no les convenía. Dicho lo anterior, quienes desearon intentarlo identificaron numerosos impedimentos para implementar esta práctica a pesar de su aparente sencillez.

Algunos, como yo, tenían bebés de hasta tres años. Una vocecita gritando "¡Papá!" o "¡Mamá!" a las 10:30 p.m. desde la cuna sin duda será un inconveniente para acostarse a esa hora.

Regla 1. Fija una hora para irte a dormir

Varios mencionaron que su problema era el trabajo. A veces se trataba de una importante tarea alternativa, como la traducción de algunos documentos después de que los niños se iban a la cama, o responder preguntas de clientes de Etsy hasta muy tarde por la noche. Sin embargo, lo más común era que se tratara de un "rápido" correo electrónico a las 10 p.m., el cual se convertía en una conversación de ida y vuelta que duraba una hora.

Algunas personas con niños mayores mencionaron la dificultad de acostarlos a tiempo, lo cual retrasa la hora de acostarse de los padres.

Ciertas personas dijeron que se apresuraron a preparar todo en casa para el día siguiente: empacaron almuerzos y mochilas, prepararon uniformes o limpiaron la cocina. Esta práctica es común, pero también es lo que muchos llaman "catch 22" o un círculo vicioso, ya que quedarse despierto hasta muy tarde para preparar lo necesario para que el día siguiente fluya con facilidad casi siempre implica que la mañana será espantosa.

Varias personas mencionaron lo mucho que se les dificultaba reunir energía para empezar el proceso de ir a la cama. Alguien escribió: "Puede sonar estúpido, pero estaba muy cansada para prepararme". Uno en serio batalla con eso, aunque suene ridículo: algunas investigaciones sugieren que, a medida que el día pasa, nos volvemos menos disciplinados. Apagar la televisión y subir al piso de arriba a lavarse los dientes exige energía a una hora en que la mayoría de la gente se siente drenada. Es más fácil dejar la decisión para más tarde y solo quedarse adormilado en el sofá en ese momento.

Las parejas de algunos participantes tenían horarios distintos, lo cual significa que una hora fija realista y personal modificaría el ritmo de la familia, hecho que nunca resulta sencillo.

No obstante, el mayor impedimento no tenía que ver con el trabajo, las tareas en el hogar, ni los miembros de la familia: se relacionaba con su ausencia. La gente señaló que ir a acostarse significaba decidir que el día se había terminado, y esta decisión la tomas cuando hay sosiego en la casa, las tareas se realizaron y por fin puedes usar tu tiempo como prefieras. Uno de los participantes lo expresó así: "Es el único tiempo libre que de verdad tengo". ¿Y quién querría acortar esos momentos?

Esta epifanía se presentó una y otra vez. Otra participante dijo que postergaba la hora del sueño porque sentía "como si todavía no hubiera tenido suficiente esparcimiento". Alguien más dijo: "Papá se distrae con los videojuegos o algún proyecto". El tiempo para pasar en pareja y el que se usa para ver una película o un programa de televisión suelen fundirse. "Al final del día, mi pareja y yo solemos ver un episodio de un programa de televisión en el sofá mientras cenamos… y luego, como que solo nos quedamos ahí", escribió una persona. No era exactamente una romántica cena gourmet con velas, pero, para un martes cualquiera, resultaba bastante agradable.

En los años vertiginosos que uno pasa construyendo una carrera y formando una familia, las últimas horas de la noche son el horario estelar del tiempo personal. Este periodo de un par de horas suele ser el momento más prolongado de ocio que muchos tenemos y, por supuesto, no queremos irnos a dormir y ponerle fin a ese tiempo de tranquilidad e independencia. La situación es aún más intensa si no hemos visto a nuestra pareja lo suficiente durante el día y queremos pasar un rato con ella. A veces aparece nuestro "yo rebelde": el que sigue resentido por las reglas de la infancia que decían que era hora de apagar las luces, y cuyas figuras de acción de Playmobil seguían haciendo lo que querían hasta la madrugada. *No puedes obligarme*, continúa diciendo la voz.

Como nadie puede estirar un día más allá de su límite de 24 horas, el sueño puede parecer un juego de suma cero. Al comprender esto, uno de los participantes dijo: "Pasar más tiempo durmiendo significa menos tiempo haciendo algo más, por eso tuve que aceptar que no haría otras cosas. O que invertiría tiempo haciéndolas, pero luego tendría que hacerme a la idea de que dormiría menos".

Si esas otras actividades son lo suficientemente atractivas, podríamos pensar, como una vez dijo en broma Jerry Seinfeld, que la falta de sueño será el "problema de mi yo del mañana".

Cómo minimizar el resentimiento

Sin duda, yo también he deseado que los minutos pasen con más lentitud en cuanto los niños están en la cama porque es demasiado tentador hacer rendir ese momento. Sin embargo, sé que, como nos tenemos que levantar temprano, acostarse tarde significará que nuestra mañana no será pacífica. Incluso en las épocas en las que no he tenido niños pequeños, irme a la cama a tiempo me ha permitido despertar bien descansada y correr, algo que no haré a las 10 p.m., o escribir, porque puedo pensar con claridad (pero repito: todo es más difícil a medida que el tiempo avanza en la noche). El tiempo personal es agradable, pero si juegas bien tus cartas, el tiempo personal de la mañana también te puede ofrecer varias opciones. Un participante que confesó que deseaba tener tiempo para él después de que sus hijos se acostaban supuso que "si me acuesto antes, puedo despertarme más temprano, antes que los niños, y tener ese momento de tranquilidad para mí. También puedo hacer algo de calidad por la mañana, como leer un libro de desarrollo profesional mientras bebo café. ¡Mejor que volver a ver tres episodios de *Friends* en la noche!".

Esta diversificación de opciones sirve para que fijarte una hora para ir a dormir no se convierta en un juego de suma cero, como podría parecer al principio. También podría argumentar que si te quitaste una hora de sueño, pero luego para realizar una tarea necesitaste dos en lugar de solo una porque estás cansado, distraído y propenso a cometer errores, entonces no sacaste ventaja. Además, si tú, como mucha gente que no sufre de insomnio crónico, tienes establecido un punto de sueño muy fuerte, es decir, una cantidad promedio de sueño que tu cuerpo te obliga a dormir a lo largo de varias semanas, entonces **escatimar en sueño una noche no te comprará más tiempo**. En realidad, solo significa que te quedarás dormido en algún momento y lo compensarás en otro lugar. Esto podría tener efectos indeseables. A la larga podrías sentirte mucho más feliz viendo menos horas de Netflix hasta tarde por la noche si eso te permite no quedarte dormido los sábados por la mañana mientras tu grupo de ciclistas lleva a cabo un recorrido.

Hay varias formas en que se puede minimizar el resentimiento de la hora de dormir:

1. Crea espacios para el entretenimiento en otros momentos de tu horario.

Muchas de las otras reglas de Un martes más tranquilo están diseñadas para hacer justo eso. Relajarse sin hacer nada hasta tarde puede sentirse menos terrible si sabes que los martes por la noche jugarás en la liga de softbol, si para el viernes planeas probar un nuevo lugar para el almuerzo con

Regla 1. Fija una hora para irte a dormir

un colega, y si encuentras de manera regular 45 minutos adicionales para leer cada día.

2. Recuerda que tienes el control.

Fijar una hora para irse a acostar no te impone una obligación legal, solo te exhorta a tomar una decisión consciente. Yo fijé mi hora a las 11 p.m., tal vez debería acostarme a las 10:30 p.m., pero siento que las 11 es más razonable si tomo en cuenta que también tengo hijos adolescentes a quienes tengo que confiscarles los celulares a cierta hora. Como debo estar en la cama a las 11 p.m., mi momento de la verdad llega a las 10:30 p.m. Evalúo lo que voy a hacer para ver si podré acostarme a la hora fijada. No tengo que hacerlo porque ¡soy una mujer adulta! De hecho, si quisiera, ¡podría quedarme toda la noche despierta! Si estoy leyendo un libro apasionante o teniendo una agradable conversación con mi esposo, siempre puedo acostarme más tarde.

Tú puedes decidir si no vas a seguir la hora fijada alguna noche. Tal vez de manera consciente elijas trabajar hasta muy tarde un día para poder cobrar horas extra y tener una vida más razonable el resto de la semana. Quizá elijas levantarte temprano dos veces por semana para hacer ejercicio, y las otras, dormir hasta el último minuto posible. Puedes hacer los ajustes que desees.

De cualquier modo, en cuanto el reloj marque las 10:30 p.m., si no tengo una buena razón para permanecer despierta hasta tarde, mejor empiezo a enfilarme hacia la cama porque sé que a mi yo de mañana le dará más alegría mi decisión.

Perspectivas de los participantes: superar los impedimentos de manera creativa

Los participantes del proyecto Un martes más tranquilo mostraron su sabiduría al proveer ideas creativas para lidiar con los impedimentos que representa fijar una hora para irse a dormir.

Algunas personas a las que les fastidian las reglas estrictas modificaron la estrategia permitiéndose tener un margen para acostarse. En lugar de fijarse una hora, adaptaron la regla y decidieron que apagarían la luz en algún momento entre, digamos, las 10:30 p.m. y las 11:15 p.m. Esto les funcionó particularmente bien a quienes también se daban un margen para levantarse por la mañana. Tal vez planeaban levantarse a las 6 a.m. para hacer ejercicio, pero si las luces se apagaban a las 11:15 p.m. y no a las 10:30 p.m., cambiaban su alarma a las 6:45 a.m. y hacían algo que durara menos tiempo o elegían una hora distinta para ejercitarse. Los verdaderos rebeldes fijaban una hora falsa para acostarse, digamos a las 10 p.m., y disfrutaban de pasarla por alto todas las noches porque sabían que la hora verdadera, por ejemplo las 11 p.m., todavía sería factible. En esta vida es importante conocerse a uno mismo.

Una persona a la que le costaba trabajo reunir energía para hacer todas las tareas necesarias antes de irse a acostar decidió prepararse más temprano, en momentos menos tensos de la tarde: lavarse la cara después de cenar, o ponerse la pijama al mismo tiempo que los niños. Respetar la hora de acostarse puede ser más sencillo si lo único que te falta es meterte a las cobijas.

Naturalmente, esta regla no les funcionó a todos. Dejar de trabajar a cierta hora fue más difícil para quienes siempre se sentían rezagados. Esta inquietud resultó muy común entre las familias que tenían que lidiar con los horarios híbridos y virtuales establecidos durante la pandemia que se extendieron hasta los meses en que realicé mi investigación. Una participante tuvo la genial idea de abordar sus pendientes del trabajo todas las noches a las 9 p.m., lo cual le daba tiempo para resolverlos antes de la hora de acostarse. Desafortunadamente, "en lugar de tomarlo como una manera proactiva de adelantar tareas, mis colegas lo interpretaron como señal de que yo estaba disponible para trabajar en ese momento", explicó, y por esta razón, terminó teniendo más trabajo no programado por las noches.

Los resultados

A pesar de los inconvenientes descritos, quienes pudieron apegarse a una hora fija para acostarse dijeron que durmieron mejor. En mi escala de satisfacción con el tiempo, un cuarto más de las personas estuvo de acuerdo en que, del inicio al final del programa, durmieron lo suficiente. El nivel de satisfacción de la gente respecto a tener la energía necesaria para enfrentar sus responsabilidades aumentó 13 por ciento, pero cabe mencionar que otras de las reglas también contribuyeron a este incremento.

En general, la gente decidió continuar aplicando esta regla. En mis entrevistas de seguimiento, los participantes mencionaron con frecuencia que otras de las reglas significaron un gran cambio en su vida, pero que esta fue la que más modificó su experiencia cotidiana. Alguien dijo que, de todas, "la regla de fijar una hora para acostarme fue tal vez la menos atractiva, pero la más útil también".

En las preguntas de reflexión, la gente mencionó beneficios que iban más allá de las obvias ventajas de no tener que beber cuatro tazas de café para mantenerse despierta en las reuniones y, luego, a la mañana siguiente, no poder despertarse, aunque sonara la alarma.

"Pensé que [una hora fija para acostarse] me haría sentir más descansado, y así fue, pero el verdadero beneficio fue que me ayudó a utilizar mi tiempo la noche previa de una manera más meditada —dijo un participante—. Sé que tengo que acostarme a las 11:30 p.m., así que estaba consciente de que debía elegir bien qué hacer con las cuatro horas que me quedaban después de que mi bebé se dormía".

Cuatro horas es *mucho tiempo*. Cuando se tienen niños pequeños, incluso dos horas pueden sentirse como todo un lujo, pero para aprovecharlo, tienes que saber cuánto tiempo tienes y cuándo se presenta. Establecer una hora para acostarse le da forma a este significativo trozo de tiempo en tu agenda. De hecho, le da forma a todo tu día: ese es el objetivo de fondo de esta regla.

Casi todos comprendemos que el día tiene un inicio, pero nos cuesta trabajo entender que *los días se acaban*. Y si bien es cierto que ninguna madre o padre primerizo, ni ningún empleado por turnos del mundo duerme de forma continua en la noche, en general, todos los días tienen una buena porción de horas en que permanecemos despiertos.

Definir esta cifra nos permite empezar a pensar que cada día contiene una cantidad específica de espacio temporal y que podemos llenar ese tiempo con alguna actividad. Insisto en que la decisión de con qué llenamos nuestros días solo nos corresponde a nosotros, y que depende de lo que elegimos en la actualidad y lo que elegimos en el pasado. Los días pueden contener bastante. Yo disfruto mucho de mi rompecabezas de tiempo porque lo veo como una especie de juego de Tetris, cuyo objetivo es mover las piezas de tal forma que logre llenar buena parte de las 16.6 horas que paso despierta todos los días. Definir nuestro día nos permite ver que, aunque no infinito, el tablero de juego es amplio.

Si la gente fuera capaz de mantener en su mente estas dos nociones opuestas, tomaría decisiones más inteligentes respecto a su tiempo.

Uno de los participantes escribió: "Elegir una hora para irse a acostar les dio a mis tardes un propósito más claro. En lugar de realizar actividades como limpiar, leer o relajarme, e irme a dormir al 'terminarlas', tenía una cantidad fija de tiempo antes de acostarme y debía decidir qué deseaba hacer con esas horas".

La gente dijo que, en general, disfrutaba más de sus noches en cuanto entendía su forma, sus contornos. "Tener el tiempo suficiente para cuidar mi piel y usar hilo dental, en lugar de solo lanzarme a la cama, es algo muy agradable e íntimo", dijo una participante que decidió iniciar más temprano su rutina previa a dormir. "Es muy grato tener tiempo para asignarle a la lectura en la cama, en lugar de verlo como un placer culposo", agregó.

Este disfrute se extendió incluso a la vida en pareja, a pesar de que a la gente le preocupaba que fijar una hora para acostarse la limitara y redujera. En lugar de quedarse despierto trabajando en un proyecto, alguien hizo cálculos y se dio cuenta de que no tendría tiempo suficiente antes de acostarse, así que: "Mejor me fui temprano a la cama y pasé más tiempo desconectándome y relajándome con mi pareja".

No todas las parejas pueden establecer la misma hora para irse a dormir, pero quienes tienen oportunidad de hacerlo aumentan las probabilidades de pasar juntos un rato romántico en lugar de que ambos se queden sentados en el sillón matando el tiempo hasta estar demasiado cansados para hacer cualquier otra cosa.

La práctica de la disciplina

Irse a la cama a tiempo es sencillo, pero puede transformarle la vida a cualquiera, tanto por el cambio de mentalidad que implica respecto a la forma que tiene un día, como por una razón más obvia: estar bien descansado puede hacer que un día pesado nos parezca factible. Tenemos la fuerza de voluntad de elegir el gozo en lugar de solo batallar conforme pasan las horas.

Cuando la decisión está en nuestras manos y elegimos sentirnos bien descansados, estamos tomando en cuenta a nuestro yo del mañana o, como a mí me gusta llamarle, el "Futuro Yo". Cada vez que te enfrentas a una decisión y te visualizas a ti mismo del otro lado de esta, puedes decidir ser amable con el Futuro Yo. De hecho, la esencia de la disciplina radica en tomar la decisión incluso si exige un poco de esfuerzo en el momento. Pensemos más allá de nuestros impulsos momentáneos y consideremos las ramificaciones más amplias. Irse a acostar a tiempo es una oportunidad cotidiana de practicar la disciplina. Otras reglas de Un martes más tranquilo nos ofrecen la oportunidad de fortalecer y agrandar este músculo de maneras novedosas y, de ser posible, con buenos resultados. Sin embargo, esta primera regla es la base de todo.

¿Cuál y cómo será tu recompensa? Para empezar, será inmediata y, de acuerdo con varios testimonios:

- "La noche que me acosté a la hora fijada, que de verdad pude dormir toda la noche y despertarme lo suficientemente temprano para hacer ejercicio y darme una ducha antes de iniciar la jornada, tuve el mejor día de la semana".
- "Dormir lo suficiente me ayudó a ser la mejor versión de mí mismo tanto en el trabajo como en las actividades posteriores. He tenido la energía necesaria para abordar todo lo que tenía planeado esta semana y eso me hace feliz".

Da el siguiente paso: diseña una (mini) rutina matutina

Una de las mejores razones para establecer una hora para acostarse es que te da más control de tus mañanas. Las mañanas son el momento perfecto para acabar tareas. Los fines de semana de la gente

Regla 1. Fija una hora para irte a dormir

ocupada que tiene una vida profesional, una familia incipiente, o ambas, suelen tener dos porciones viables de tiempo autónomo: por la noche, cuando los niños ya se fueron a dormir y, si logras despertarte lo suficientemente temprano, en la mañana, en cuanto empieza el día. Ambos periodos ofrecen alegría, pero como a mucha gente le cuesta trabajo hacer ejercicio o entregarse a labores creativas exigentes por la noche, si anhelas hacer algo así, lo mejor será que lo intentes por las mañanas.

Las mañanas también suelen tener una estructura más reglamentada que otros momentos del día. Mucha gente se despierta y se prepara más o menos a la misma hora todos los días, incluso si todavía no aplica la estrategia de fijarse una hora para irse a dormir. Esto significa que cualquier hábito bueno que logres establecer e incrustar en tu horario tendrá altas probabilidades de suceder.

Además, lograr algo importante antes del desayuno puede ser muy satisfactorio porque, sin importar lo que suceda a lo largo del día, sabrás que ya cumpliste un objetivo.

Por todo esto, soy ferviente admiradora de las rutinas matutinas. Pero no te inquietes, no le pediré a nadie que se comprometa a una rutina de dos horas que implique contratar a un entrenador personal y beber jugo verde. Como dice Benjamin Spall, director durante muchos años del popular boletín informativo *My Morning Routine*: "En especial al principio, mantener tu rutina breve y fácil de lograr aumentará de manera considerable la probabilidad de apegarte a ella. En general, solo necesitas entre 15 y 30 minutos".

Entonces comencemos con 15 minutos. ¿Qué te gustaría hacer en las mañanas, digamos, todos los días? Es probable que ya estés haciendo ejercicio varios días de la semana, lo cual es maravilloso, pero ¿qué otras actividades breves que te ofrezcan una gran recompensa con el paso del tiempo podrías añadir a esas mañanas y a otras? Insisto en que debes enfocarte en el placer. ¿Qué te emocionaría lo suficiente para hacerte salir de la cama o, al menos, para sentarte en tu escritorio?

Piensa en dos o tres actividades matutinas breves que creas que en verdad disfrutarás y tendrán un efecto positivo en tu carrera, tus relaciones personales o en ti mismo. Podrías, por ejemplo:

- Responder a una invitación para realizar un texto de escritura creativa
- Leer algunas páginas de un texto sagrado
- Si el clima lo permite, salir a beber una taza de café y, si no, hacerlo frente a la ventana
- Tomar una fotografía de algo hermoso
- Hacer 20 flexiones de brazos o 20 abdominales
- Hacer los ejercicios de un video de fortalecimiento físico de 10 minutos
- Meditar con un programa de cinco minutos en una aplicación
- Decir una serie de oraciones memorizadas
- Rezar por una persona específica, una distinta cada día
- Enviar un correo electrónico para ponerte en contacto con alguien a quien conociste recientemente o mucho tiempo atrás
- Escribir 250 palabras en tu diario o autobiografía
- Practicar 10 minutos en una aplicación para aprendizaje de otros idiomas
- Leer una crónica en un periódico físico o en un resumen noticioso
- Leer un artículo de una revista especializada
- Escuchar un capítulo breve de un podcast o 10 minutos de un audiolibro
- Escuchar música nueva
- Grabar un video corto para redes sociales
- Estirarte o hacer algunas posturas de yoga
- Respirar hondo varias veces y observar tu respiración

Regla 1. Fija una hora para irte a dormir

- Leer un cuento con uno de tus hijos pequeños
- Leer un capítulo de un libro con uno de tus niños mayores
- Cuidar de tus plantas
- Beber una taza de té con tu cónyuge
- Llamarle a un amigo, pariente o a la persona con quien quizá estableciste un trato para mantenerse al tanto de sus actividades y animarse mutuamente
- Caminar a la cafetería cercana y de vuelta a casa
- Analizar tu agenda y pensar en las prioridades de la jornada
- Escribir una intención para ese día
- Escribir una nota para halagar a un empleado o colega
- Preparar y comer un verdadero desayuno

Estoy segura de que podrías añadir muchas más ideas a la lista. En lo personal, me pongo como objetivo realizar tres actividades. Escribo al menos 100 palabras en mi "archivo de escritura libre", hago una rutina de fortalecimiento y leo algunas páginas de un libro extenso. En 2021, por ejemplo, leí un capítulo diario de *Guerra y paz* de León Tolstói. Los capítulos de esta famosa obra épica duran solo cuatro o cinco páginas, el problema es que ¡Tolstói escribió 361 capítulos! En 2022 leí cada día algunas páginas de una obra de Shakespeare porque mi objetivo era leer todas sus obras en un año.

En 15 minutos podrías abordar algunas lecturas breves. Si quieres, puedes rotar entre cinco o seis, y elegir hacer tres diarias. Siéntete libre de experimentar, no hay una forma precisa ni incorrecta de hacer una rutina matutina, la única condición es que **tu rutina debe servirte a ti.**

También me gustaría agregar que, en los años vertiginosos, en especial si tienes niños pequeños, algo que podría ayudarte es considerar que, más que algo que *tiene que suceder a una hora precisa*, tu rutina es una "lista de pendientes" matutina. Una rutina que se establece para suceder entre las 6 a.m. y las 6:20 a.m. puede terminar desviándose debido a un bebé que elige despertar algunas veces a las 5:55 a.m., o por una reunión de trabajo que se llevará a cabo temprano y exige salir de casa a las 6:30 a.m. en lugar de a las 7 a.m. Ser flexible con el tiempo te permite aumentar tus probabilidades de éxito. En muchas ocasiones, comienzo mis rituales matutinos en cuanto nuestra niñera inicia su jornada, a las 8 a.m., pero si es necesario hacer una última ronda de repartición de niños, empiezo más tarde. Los fines de semana a veces hago mi rutina ya casi en la tarde porque, ciertos días, "la mañana" es solo un estado mental. Si me despierto antes que el bebé, tal vez me dé tiempo de leer un capítulo en mi celular, aún en la cama, y enviarme a mí misma un correo electrónico con lo que alcancé a plasmar en mi escritura libre. Los balanceos de pesas rusas los llevo a cabo en algún otro momento.

En efecto, la vida puede modificar un ritual. La rutina matutina de Benjamin Spall incluía una meditación breve y algunas flexiones de brazos y ejercicios abdominales mientras trabajaba en un proyecto de escritura. Sin embargo, una semana antes de que lo entrevistara, adoptó a un cachorrito de seis meses y, de la noche a la mañana, la rutina se convirtió en tiempo para cuidarlo e incluso sacarlo a pasear para drenar su energía.

Así sucede, la gente se muda, cambia de empleo, intenta trabajar desde casa, tiene más bebés. Luego los bebés crecen y empiezan a ir a escuelas que envían el transporte escolar a casa tan temprano por la mañana que resulta irrisorio. Cada vez que leo la información de la rutina matutina de alguien, me da la impresión de que, más que un acuerdo inamovible, es una fotografía tomada en un instante. Aunque las rutinas pueden cambiar, el concepto sigue siendo útil porque los pequeños pasos que puedas dar se acumularán con el transcurrir del tiempo. Yo me fortalezco poco a poco, día a día. Absorbo las palabras que alguien escribió hace cientos de años porque todavía hacen eco con la condición humana. Me escribo un poco a mí misma y pruebo cosas nuevas solo para mí, para averiguar qué sí funciona sin imponerme la presión de compartirlas con alguien más.

¿Y después de eso? Vaya, pues siempre está el café en mi taza favorita y la luz que entra por la ventana de mi oficina. Tiene una manera tan peculiar de brillar en las apacibles primeras horas de la mañana que me hace sentir que hoy, como todos los días, tendré otra oportunidad de hacer las cosas bien. ¿Y qué sucede si la noche anterior me acosté a la hora que me fijé? La mañana es aún mejor y vale la pena intentarlo.

Es tu turno:
fija una hora para irte a dormir

Preguntas de planeamiento:

1. ¿A qué hora te gustaría despertarte casi todas las mañanas?
2. En promedio, ¿cuántas horas de sueño necesitas por noche?
3. En general, ¿a qué hora necesitas acostarte para dormir esa cantidad de horas? Esta es la hora que debes fijar para irte a dormir.
4. En minutos, ¿aproximadamente cuánto tiempo necesitas antes de la hora de acostarte para relajarte y prepararte para dormir?
5. Cuenta hacia atrás a partir de la hora fijada y programa una alarma u otro tipo recurrente de aviso para que suene en ese momento. ¿Qué hora es?
6. ¿Qué podría impedirte acostarte a la hora fijada?
7. ¿Cómo planeas vencer estos obstáculos?

Preguntas de implementación
(después de haber probado la Regla 1 por una semana):

1. Esta semana, ¿de qué manera te afectó el hecho de respetar una hora fija para acostarte?
2. ¿Qué impedimentos enfrentaste al tratar de implementar la estrategia de esta semana?
3. ¿Cómo lidiaste con ellos?
4. Si no pudiste respetar la hora de dormir, ¿qué te lo impidió?
5. Si necesitaste modificar la regla, ¿de qué manera lo hiciste?
6. ¿Qué tan probable es que sigas aplicando esta regla en tu vida?

REGLA 2
Usa los viernes para planificar

Las expectativas son infinitas. El tiempo es finito.
Siempre estamos eligiendo. Elige bien.

Isaac Watts, el connotado escritor de himnos, es conocido principalmente por las letras de temas como "Joy to the World"; sin embargo, imagino que el hecho de que un verso poco conocido de su tributo al Salmo 90 me haya intrigado desde hace mucho es un buen ejemplo de mi obsesión con el tiempo. Usualmente, la congregación masculla varios versos de "Oh, Dios, nuestro benefactor en tiempos antiguos" hasta que entona la frase: "El tiempo, como un arroyo que fluye de manera incesante, se lleva consigo a todos sus hijos".

Si alguna vez has remado en una canoa o practicado descenso en rápidos, seguramente notarás lo adecuada que es esta metáfora. El agua en movimiento te transporta, te lleva con ella, así que continúas moviéndote, pienses en ello o no.

Los días, los meses y los años se deslizan hacia el pasado. Corren sin importar lo que hagas. Esto lo veo todos los lunes por la mañana cuando termino de llenar mi registro de actividades de la semana anterior, lo archivo y abro una nueva hoja de cálculo en blanco. Las 168 horas por venir están vacías, pero sé que, cuando terminen de correr, el tiempo se habrá llenado con algo. Volveré a archivarlas como lo hice con la semana anterior y con cientos de semanas que han pasado como agua. Y la corriente sigue fluyendo.

Un martes más tranquilo

Para continuar con esta metáfora, te diré que en algunas etapas de la vida el agua es más ágil y turbulenta. Flota con la corriente, a lo largo de la ribera, y es muy difícil hacer algo, salvo ciertas correcciones menores a su curso. Tal vez ya has tenido esa sensación: reaccionas ante cualquier guijarro o remolino que se presente. Y aparecen todo el tiempo: una crisis laboral que lleva mucho tiempo gestándose estalla justo cuando la niñera que cuida a tus hijos al salir de la escuela renuncia y, al mismo tiempo, descubres una fuga en el fregadero y un dolor de dientes se transforma en urgencia. Tener una perspectiva más amplia podría ayudarte a realizar una travesía más tranquila. Podrías, por ejemplo, destinar un tiempo a atender las dificultades menores antes de que se conviertan en desastres, pero como el agua continúa fluyendo, te resulta difícil pensar en ello.

Para aplacar el caos necesitamos pensar cómo nos gustaría pasar nuestras horas, enfocarnos en cualquier tramo temporal antes de desplazarnos a través de él. Debemos hacer una pausa en las apacibles zonas poco profundas y pensar en lo que necesitamos y *deseamos* hacer.

Esto es incluso más importante cuando el tiempo escasea. Es un concepto que escucho todo el tiempo cuando converso con gente que está construyendo una carrera y tiene familia, como Teresa Coda, una participante de Un martes más tranquilo. En la pandemia, Teresa se mudó a su pueblo natal, en el centro de Pensilvania, con su esposo. Varias veces a la semana, su madre le proveía lo que Teresa llama una "hora de fuerza" de cuidado infantil, es decir, pasaba tiempo con sus dos nietas menores de tres años. Como Teresa y su esposo no deseaban extender su burbuja de contacto humano más allá del círculo familiar cercano, dejaron de considerar estrictamente los días laborales y usaron el tiempo de la siesta para lidiar con sus listas de pendientes.

La clave para que este esquema le funcionara a Teresa más de un año fue "ser muy clara respecto a lo que necesitaba hacer para poder aprovechar al máximo los periodos breves". Cuando solo tienes una hora ahorcada por aquí y otra por allá, "tienes que comenzarlas con tu objetivo en mente porque, de lo contrario, se te resbalarán entre los dedos".

Teresa empezó a analizar esto de manera sistemática durante un espacio semanal que designó para planificar, y, por razones en las que ahondaremos en este capítulo, eligió hacerlo los viernes por la tarde. Afinó su lista para incluir las tareas personales y profesionales más relevantes. Luego asignó sus tareas a días específicos y, a lo largo del día, las asignó a los huecos en que su esposo o su madre cuidaban a las niñas. Asimismo, asignó tareas adicionales a momentos en los que todos estarían durmiendo.

No fue nada sencillo, pero, a medida que se formó el hábito, descubrió que podía ser muy productiva en el limitado tiempo con que contaba. "Si tengo en mente un objetivo claro de en lo que quiero trabajar durante una hora, puedo aprovecharla al máximo", explica.

Este es el objetivo de la **Regla 2 de Un martes más tranquilo: Usa los viernes para planificar.**

De la misma manera que sucede con la noción de fijar una hora para irse a dormir, esta regla es muy precisa en el aspecto práctico. Así como yo lo he hecho por años, y como Teresa empezó a aplicarlo, tú también puedes buscar 20 minutos para pensar en toda la semana siguiente. ¿Qué es lo que más te gustaría hacer en esas 168 horas? De las cosas que ya anotaste en tu agenda, ¿cuáles son las más relevantes?

Como eres una persona con una vida compleja, lo más eficaz es considerar todos sus aspectos, por eso te recomiendo hacer una lista de prioridades dividida en tres categorías:

- Profesional
- Relaciones
- Personal

Redacta esta lista en algún lugar donde puedas consultarla, como en un planificador. Escribe algunas entradas para cada categoría, pero no muchas. ¿Qué es lo que más te gustaría hacer en el aspecto profesional? ¿Qué te agradaría hacer para nutrir tu relación con tus amigos, familiares o con los miembros de la comunidad? ¿Qué querrías hacer para cuidar de tu salud y progresar en tu desarrollo espiritual o tu felicidad?

Estoy segura de que en tu vida suceden muchas cosas importantes, pero la primera parte de este ejercicio debería enfocarse en las aspiraciones que más te harían sentir que tuviste una semana fabulosa. Por ejemplo, las prioridades profesionales podrían incluir una comida con un antiguo cliente que lleva mucho tiempo aplazada y el diseño del cronograma de un proyecto trascendente. Entre las prioridades de tus relaciones podrías incluir llamar a un amigo que pasa por un momento difícil e ir a almorzar con tu hijo adolescente el día que solo tiene media jornada de clases. Las prioridades personales podrían incluir una carrera en un sendero que acabas de descubrir y ver un concierto de tu sinfonía preferida de Beethoven que será transmitido en *streaming* desde el sitio de internet de la orquesta. Aparta y marca en tu agenda los espacios necesarios para estas actividades, si es que aún no las has considerado.

Durante tu sesión de planificación también deberás estimar qué necesitas hacer la semana siguiente, incluso si esperas realizar tareas que no son una prioridad absoluta y, para colmo, no son tan divertidas. Ve lo que ya incluiste en la agenda. Asegúrate de saber cuáles son tus compromisos para los próximos siete días y echa un vistazo a las semanas subsecuentes para que no soslayes algún proyecto enorme del cual quizá ya te olvidaste. ¿Qué necesitas hacer para prepararte? ¿Necesitas diseñar una logística? Decide cuándo llevarás a cabo los preparativos y anótalo en la agenda o planificador. También puedes implementar una estrategia para ignorar, minimizar o delegar cualquier tarea a la que le quieras dedicar menos tiempo. Es poco probable que esa reunión que ya se reprogramó cuatro veces en verdad suceda esta semana, así que adelántate, cancélala y acaba con el sufrimiento. Tal vez tu asistente podría encargarse de la llamada de seguimiento con los anfitriones del lugar donde se llevará a cabo el gran evento del próximo mes.

Después de pensar en la siguiente semana laboral, te sugiero que hagas un plan aproximado para el fin de semana que viene, pero ¡cuidado!, no me refiero al sábado y domingo inmediatos a tu viernes de planeación, sino a los del fin de semana *siguiente*. Luego tómate un minuto o dos para actualizar el plan del fin de semana inmediato y básate en la nueva información o en las invitaciones que hayas recibido. Si tu vida está profundamente entrelazada con la de alguien más, puedes hacer una llamada rápida o, si están en el mismo lugar, una visita breve, para confirmar cualquier actividad que exija retroalimentación o aprobación.

Y… ¡eso es todo! Averigua adónde vas y de qué manera lidiarás con los imprevistos. Evita cualquier actividad que te haga perder tiempo. Pensar cómo te gustaría pasar tus horas aumenta de forma exponencial la probabilidad de aprovecharlas.

Un hábito sencillo y poderoso

Planificar los viernes es sencillo. A algunas personas les agrada usar planificadores sofisticados y elegantes, plumas de alta gama y cinta Washi. Otras prefieren deleitarse con esta sesión, así que se preparan su bebida favorita dependiendo de la hora del día o ponen la música de una película. Todo esto es genial, aunque no necesario. Yo uso un cuaderno o planificador y hago una referencia cruzada con mi agenda. También hacer notas en un calendario o agenda electrónica funciona bien.

No importa qué herramienta uses, lo esencial es que lo hagas.

Y si lo haces, descubrirás, como lo hizo Teresa, que planificar los viernes es un hábito poderoso. Es la mejor manera que he encontrado para aplacar el caos, hacer más y tener la oportunidad de disfrutar la vida. Si encuentras a alguien cuyas habilidades logísticas te inspiren tanto como a mí me inspiró ver un acto circense en el que ocho motocicletas giraban al mismo tiempo, zumbando alrededor de una esfera metálica gigante, te puedo apostar que las estrategias de esa persona son sólidas, incluso si recibe ayuda profesional.

La regla "Usa los viernes para planificar" incluye dos aspectos. En primer lugar, lo útil de tener una sesión semanal de planificación y, en segundo, la importancia de que sea los viernes. Como lo explicaré más adelante, el primero es el más importante por mucho, sin embargo, creo que elegir el último día de la semana de trabajo es lo que en verdad hace que este hábito te cambie la vida.

¿Por qué es relevante planear tu vida en semanas?

Cualquier planeación semanal del tiempo puede funcionar. Si ya tienes un sistema que te conviene, ¡no es necesario que lo modifiques! Pero si en tu vida hay aspectos complejos, necesitas asignar un momento para planear tus semanas. De acuerdo con los matemáticos, la semana es la "unidad de repetición" en el patrón de nuestras agendas. Al menos, lo es para las distintas sociedades en las que se lea este libro. Una semana es lo suficientemente amplia para abarcar acciones que vayan más allá de las crisis inmediatas, pero también es breve y puede darte una noción adecuada del panorama y permitir que te comprometas con los tiempos y las acciones con un grado razonable de certeza.

Si has estado planeando de una manera adecuada o si no has planeado para nada, verás que la primera sesión estructurada en la que pienses sobre toda la semana y consideres las prioridades profesionales y personales te producirá varios beneficios inmediatos.

Para empezar, vas a ahorrar tiempo. Si notas que te reúnes con las mismas personas los martes y los jueves, podrías presionarte para tener una agenda eficaz y hacer lo necesario para lidiar con los dos programas temáticos en una sola reunión. Así liberarás una hora que habrías perdido si solo hubieras pasado de una actividad a otra sin reflexionar.

Lo más importante es que abordarás la semana de una manera integral y que esta perspectiva te permitirá tomar decisiones mejor pensadas. Si ves que el martes ya está saturado y tienes algo complicado que hacer el miércoles, puedes tratar de encontrar tiempo el lunes para llevarlo a cabo. Esto te permitirá acercarte a la fecha límite con más tranquilidad en lugar de vivir el estrés de dejar, como de costumbre, las cosas para el último minuto. Si el jueves, al terminar las clases, quieres asistir al juego de beisbol de uno de tus hijos, pero ves que la reunión con un equipo de colegas que siempre se extiende puede realizarse el miércoles o el jueves por la tarde, sabrás que más te vale insistir en que sea el miércoles. Tal vez las cosas no salgan como planeas, pero si no intentas por lo menos ver los días de la semana como un panorama simultáneo, nunca sabrás lo mucho que importan tus decisiones.

Esta regla tiene una buena cantidad de ventajas porque solo exige 20 minutos y los beneficios reales aumentan con el tiempo, los notarás a medida que la sesión se transforme en hábito y comprendas que sí es posible darle forma a tu vida a largo plazo. En una semana cualquiera, por ejemplo, podrías:

- Comprometerte a llevar a cabo las etapas intermedias de objetivos importantes y descubrir así que son más factibles de lo que pensabas.
- Empezar a anticipar problemas más graves u oportunidades, y hacerte tiempo para atenderlos antes de que se conviertan en urgencias.
- Pensar con anticipación qué sería importante hacer e incluir estas actividades en tu agenda para que cuando llegues a esa semana las prioridades ya estén anotadas y el proceso de planificación sea más rápido.

- Pensar en tus deseos a largo plazo y descubrir que existe una manera de enviarte a ti mismo un mensaje que recibirás cuando tu Futuro Yo esté en posición de actuar y reaccionar al respecto.

Los primeros tres beneficios valen la pena por sí mismos, pero me parece que el último, es decir, la habilidad de comunicarte con tu Futuro Yo, es en verdad un superpoder en este mundo en el que pocas personas dan seguimiento a sus intenciones.

Digamos, por ejemplo, que lees algo sobre un premio en tu área profesional y te das cuenta de que uno de tus colegas reúne los requisitos. Te agradaría nominarlo, pero lo más probable es que ahora te estés enterando porque acaban de otorgar el premio y, por lo tanto, la organización no recibirá las solicitudes para la próxima emisión sino hasta dentro de varios meses.

Esta idea podría esfumarse de tu mente de inmediato, pero si tienes un tiempo designado para planear tu semana, puedes escribir una nota en la agenda para algún momento en el futuro, quizá, una tarde de viernes, tres meses antes de que vuelvan a otorgar el premio. Sabes que tu Futuro Yo verá la nota en el marco de una sesión de planeamiento. En ese punto, tu Futuro Yo recordará el premio y la razón por la que tu colega debería ganarlo. Tu Futuro Yo verá la fecha límite y analizará el proceso de participación, y luego planeará llevarlo a cabo como una prioridad para la siguiente semana o lo asignará a otro momento de planeación en un viernes de una semana más adelante. O, quizá, tu Futuro Yo decidirá no hacer nada, pero, al menos, tomará una decisión activa en lugar de olvidarse del asunto hasta que vuelva a ver la noticia sobre la entrega del premio y se dé cuenta de que la fecha límite volvió a pasársele.

Planear la semana de manera regular te permite plasmar los deseos a futuro y hacer lo necesario para acercarte varios pasos más a su realización. Es un proceso que puedes repetir con cualquier tipo de anhelo. Cuando veas los tulipanes en abril podrías enviarle un mensaje a tu Futuro Yo de octubre para que elija un tiempo específico para plantar los bulbos. Cuando escuches que el hotel de un parque nacional acaba de abrir y recibe reservaciones, podrías enviarle a tu Futuro Yo una nota poco antes del día de apertura de las reservaciones y de esa manera te asegurarás de apartar un lugar.

Con el paso del tiempo verás que le puedes dar forma al futuro, ya sea que se trate de asuntos complicados o sencillos. Puedes dirigir su curso. Esta noción de control, en medio de la turbulencia de la vida, es la esencia de la tranquilidad. Tú tienes la habilidad de hacer que suceda, incluso cuando las cosas se pongan difíciles.

¿Por qué los viernes?

La regla de implementar un tiempo designado para planear tu semana es esencial para aplacar el caos, no obstante, tú serás quien decida *cuándo* se llevará a cabo. Si todavía no tienes un periodo definido, o si lo tienes, pero has notado algunas fallas en él, ahora comprenderás la segunda parte de la regla: por qué hacerlo los *viernes*.

Si analizas un horario típico laboral o escolar de lunes a viernes, notarás que el último día de la semana, y, en especial, la tarde, tiene cuatro ventajas principales respecto a otros contendientes como las mañanas del lunes o las noches del domingo, de acuerdo con lo que he visto en mis encuestas.

- **El coste de oportunidad es menor.** Es muy difícil empezar a hacer algo nuevo los viernes por la tarde. Muchos ya estamos entrando poco a poco al fin de semana en ese momento. Si sueles desperdiciar ese periodo contando las horas hasta que llegue un momento aceptable para salir de trabajar, ¿por qué no mejor usarlo para tu planeación?
- **Puedes lograr que el lunes sea productivo.** Si planeas los viernes, puedes aprovechar al máximo las mañanas del

lunes. Muchos tenemos más energía al principio que más tarde. Planear los viernes te permite usar la energía matutina del primer día de la semana para avanzar en los proyectos de mayor envergadura en lugar de desperdiciarla pensando en lo que debería estar haciendo tu Futuro Yo, quien tal vez tenga menos energía que el Yo del lunes por la mañana. Asimismo, si en tu planificación del viernes descubres que debes hacer una cita u organizar una reunión, el viernes todavía podrás hacerlo en horas de oficina y liberar todo el lunes si eso es lo que necesitas. En cambio, si esperas hasta la mañana del lunes para planear y te das cuenta de que necesitas contactar a alguien, no podrás incluir la reunión en la agenda sino hasta el final del día, por más temprano que suceda. De hecho, lo más probable es que puedas confirmar hasta el martes o después.

- **Puedes mejorar la calidad de tus fines de semana.** Mi objetivo es planear los fines con una semana de anticipación, pero sé que a mucha gente no le agrada prever sus momentos de esparcimiento ocho o nueve días antes, así que, si tú no quieres anticipar tanto, planear el viernes te dará la oportunidad de pensar solo en el fin de semana inmediato. Puedes hacer los arreglos necesarios para cualquier actividad social o familiar. Si tu sábado lo planeas el viernes, tendrás más oportunidades de programar aventuras importantes, en cambio, si empiezas el sábado por la mañana, nadie tendrá ganas de hacer gran cosa.

- **Puedes calmar los "sustos del domingo".** Sé que mucha gente planifica los domingos por la noche, lo cual también permite aprovechar la energía matutina del lunes… pero solo hasta cierto punto. Piensa que, si necesitas trabajar en equipo con alguien, es menos probable que recibas una respuesta el domingo por la noche que el viernes. Además, si notas que

Regla 2. Usa los viernes para planificar

tienes que hacer una cita dentro del horario laboral, tendrás que programarla para el lunes, un día que tiene un coste de oportunidad muy alto en comparación con el viernes. No obstante, el gran problema de planificar los domingos es que empiezas el fin de semana sin un plan para la próxima semana de trabajo. Intuyes que te esperan diversos obstáculos, pero no sabes con exactitud cuáles serán. Tampoco sabes qué tendrás que hacer para enfrentarlos. Esta incertidumbre puede obligar a tu cerebro a interrogarse todo el tiempo, y esa es la razón por la que muchas personas, incluso a las que les agrada su empleo, sufren la ansiedad del domingo. El tiempo que podrían destinar al entretenimiento o a la familia lo pasan cavilando y pensando en las tareas no definidas que deberán enfrentar en la semana. En cambio, si antes de volver a casa el viernes por la tarde ya planeaste cómo lograr lo que necesitas, podrás relajarte y darle a tu cerebro un verdadero descanso.

Haz tu planeación los viernes por la tarde y hazlo un viernes tras otro. Sentirás que tu vida es más tranquila todos los días de la semana.

Del "¿qué está sucediendo?" al "¿qué es lo importante?"

Muchos de los participantes de Un martes más tranquilo, como Teresa, estaban familiarizados con la idea de revisar sus horarios para la siguiente semana porque son profesionistas con muchas ocupaciones y familia, y su vida depende de la agenda. A muchos otros, sin embargo, les intrigaba el cambio del "¿qué está sucediendo?" al "¿qué es lo importante?", así como la diferencia entre solo usar la agenda para fijar momentos para reunirse con alguien, y atender las relaciones y la plenitud personal. Como era de esperarse, a algunos les entusiasmó mucho.

"Yo ya hago una sesión de planificación semanal para establecer mis prioridades laborales, pero también me parece valioso planear las que tienen que ver con mis relaciones y mi vida personal. De esa manera no siento que 'no hice nada' el fin de semana —escribió una participante que empezó a hacer lluvia de ideas para enumerar las nuevas actividades divertidas que podría incluir en su vida—. Quizá pueda ponerme al día con algunos amigos a través de Skype, o con mi esposo mientras comemos entre semana al resguardo del toldo climatizado de un restaurante. Podría apartar tiempo para practicar el ukulele o hacer una lista de lecturas, o incluso establecer una nueva rutina de ejercicio".

La gente intuyó que este tipo de planeación le permitiría sentir calma y progreso al mismo tiempo.

Perspectivas de los participantes: identificación de los obstáculos

Les pedí a los participantes que anticiparan cualquier obstáculo que podrían enfrentar si decidieran hacerse el hábito de usar los viernes para planificar.

A algunos les preocupaba que surgiera algo durante el periodo de planeación, y sí, eso podría suceder, pero como lo veremos en la Regla 5, siempre es posible dejar un espacio de respaldo. Tu primera opción para planear los viernes puede ser después de la comida, pero si tu jefe o jefa te pide de forma inesperada que se reúnan, podrías planear justo antes de salir de la oficina. Tu tercera opción podría ser el viernes por la mañana porque ya anticipaste y notaste que tendrás toda la tarde ocupada.

A algunas personas les inquietaba la posibilidad de olvidarse de la planeación, pero esto se soluciona programando una alarma o un recordatorio, o incluyendo tu sesión en la lista de pendientes del viernes.

Regla 2. Usa los viernes para planificar

En general, tomarse 20 minutos para planear las 167.67 horas restantes me parece una tarea razonable, y por eso pienso que los impedimentos más comunes que anticipó la gente fueron más de orden psicológico que logístico.

A algunos individuos les preocupaba estar demasiado cansados o distraídos el viernes por la tarde, o incluso sentirse presionados porque debían terminar un trabajo pendiente antes del fin de semana. Si eso sucede y te inquieta hacer una pausa de 20 minutos, trata de programar solo 10. Cualquier cosa siempre es mejor que nada, incluso en unos minutos podrías encontrar la manera de evitar montones de trabajo inconcluso del viernes por la tarde *de la próxima semana*. En cuanto a la posibilidad de sentirte cansado y distraído, recuerda que planear el trabajo exige menos energía que hacer las tareas que planeas. Es más sencillo escribir en una agenda o planificador "llamar a tres clientes potenciales" que en realidad llamarlos. La fatiga del viernes por la tarde es justo la razón por la que este es un momento adecuado para planear.

Algunas personas apelaron a la musa de la espontaneidad, les preocupaba que planear volviera su vida menos divertida. Esta queja la he encontrado en otros contextos, pero como le expliqué a la gente que debería planear sus prioridades personales y de relaciones, es decir, cosas que sí tenían ganas de hacer, los quejidos disminuyeron. Comprar boletos con un amigo o amiga para ir a ver jugar a tu equipo deportivo preferido provoca menos reticencia que establecer un momento para limpiar la cochera.

La preocupación más extendida fue que algunos sentían que la corriente avanzaba con tanta rapidez que ni tenía caso tratar de remar:

- "A veces me siento tan abrumado por la cantidad de trabajo que tengo que hacer, que ni siquiera me dan ganas de escribirlo. Me preocupa que hacer una monstruosa lista de lo que tiene que suceder me desmoralice".

- "Cuando todo me abruma en la vida, abandono esta práctica de planificación porque 'no tengo tiempo'. No puedo ver más allá de las tareas urgentes que tengo frente a mí; no hay espacio entre mis pensamientos, empiezan a darme vueltas en la cabeza al mismo tiempo".

A todos nos ha pasado, todos hemos batallado con esos días en que sentimos que nos ahogamos. No obstante, cuando llega a sucederme, podría decir que una sesión de 20 minutos de planeación me sirve de salvavidas. La enorme cantidad de obligaciones seguirá siendo la misma, pienses en ellas o no, pero las expectativas no definidas son más atemorizantes que saber lo que te espera. Cuando sabemos lo que debemos enfrentar tenemos algo a qué aferrarnos, podemos prepararnos y administrar nuestra energía. Sentirse abrumado es señal de que planear es incluso *más* necesario que encontrar una justificación para no hacerlo.

Por último, hubo quienes dijeron que la vida era en verdad impredecible. "Me frustra planear bien y que algo suceda y arruine las cosas, me hace sentir que desperdicié el tiempo", escribió alguien.

Es comprensible, sobre todo en tiempos recientes, mucho más que si hubiera escrito este libro hace cinco años. Los participantes de Un martes más tranquilo acababan de salir de un año de restricciones por la pandemia, vieron desvanecerse muchos de sus planes para 2020, desde vacaciones en el extranjero hasta conferencias profesionales y actividades que representarían hitos, como el primer campamento lejos de casa de uno de sus niños. Si tienes que cancelar una cierta cantidad de planes, es lógico que te preguntes por qué tendrías que tomarte la molestia de planificar. ¿Por qué no mejor usar el tiempo de planificación para relajarse y solo tomar la vida como llegue?

Sí, es un argumento tentador, pero incluso en un mundo incierto, las razones para planear siguen existiendo:

Regla 2. Usa los viernes para planificar

1. Muchos planes *no* tienen por qué cambiar.

   Digamos que estableces seis intenciones principales para la semana y un cambio repentino de las circunstancias te impide llevar a cabo dos de ellas. Es frustrante, pero la buena noticia es que pudiste avanzar en cuatro, y eso es mejor que nada. La mentalidad de "o todo o nada" rara vez resulta útil en la vida. La gente sabia no permite que la desilusión por una cosa le impida disfrutar de todo lo demás que marcha bien.

2. Muchas cosas maravillosas no sucederán de ninguna manera si no se planean.

   Digamos que un día te gustaría volver a la escuela a obtener otro título, aprender a pintar y participar con tu obra en una exposición, o hacer un viaje a Nueva Zelanda con tu familia lejana. Incluso si una pandemia te impidió realizar estas actividades un año, y aunque no sepas qué más podría interferir en el futuro, estas actividades no se desmoronarán ni caerán al suelo como polvo de hadas. Para lograr que sucedan, tienes que planear de forma activa. El tiempo siempre es una apuesta, y si deseamos que nuestros logros queden plasmados en un obituario, debemos correr el riesgo.

3. Los planes tienen beneficios incluso cuando las cosas no suceden.

   Hay una famosa cita de Dwight Eisenhower, quien decía que, en realidad, era una frase que había escuchado mucho tiempo atrás, en el ejército: "Los planes son inútiles, pero planear lo es todo". Tanto en el contexto de una vida normal, como en el campo de batalla, las cosas rara vez salen como se planearon. No obstante, cuando piensas con detalle una logística, puedes adaptarte a nuevas situaciones con más facilidad que si nunca consideras las posibilidades.

Cuando pensamos en planes placenteros en lugar de en campañas militares, tenemos un argumento aún más convincente para planear: **en la antelación tomamos en cuenta la mayor parte de la felicidad que esperamos que el evento nos proporcione.** Si quiero cenar en el restaurante The French Laundry, por ejemplo, resulta que necesito ingresar al sistema de reservaciones con varios meses de anticipación y justo en el momento en el que abra. Por eso, si quiero cenar ahí un día de agosto, comenzaré a anhelar esta experiencia de perfección culinaria desde mucho tiempo antes de que siquiera empiece ese mes. Pensaré en mis trufas, el vino e incluso en el lugar de origen de la mantequilla con que untaré el pan. Pensaré en este placer inminente durante un periodo mucho más extenso que las tres horas que estaré ahí sentada cenando. Naturalmente, me dará mucho gusto que la cena tenga lugar, pero incluso si *no sucediera*, mis planes me habrían generado un abundante disfrute. En este mundo que a veces se siente frío y hostil, la antelación en verdad importa. De hecho, es lo que en muchas ocasiones nos imbuye el deseo de levantarnos por la mañana.

Los resultados

Los planes suceden en general. Los de los participantes del proyecto Un martes más tranquilo tuvieron lugar. Para el final de la segunda semana de estudio, la cantidad de gente que reportó haber invertido tiempo en sus prioridades personales y profesionales fue mucho más considerable que la que lo hizo antes de que empezara el programa.

Regla 2. Usa los viernes para planificar

El progreso es una cuestión de motivación, y quizá por eso, no sea sorprendente que esta regla tuviera uno de los índices más elevados de fidelidad entre todas las del programa. Al final de las nueve semanas, se midieron las intenciones de la gente de continuar planificando en un momento definido de la semana, y en una escala de 1 a 7, el promedio fue más de 6.

Así como Eisenhower comprendió que los planes te permiten adaptarte en caso de que las cosas no salgan como las planeaste, mis participantes descubrieron que la planeación les ayudó a lidiar con lo inesperado. Una persona escribió: "Sabía qué esperar y también supe cómo improvisar cuando, de manera inesperada, tuvimos que llevar a cabo una misión urgente para un cliente". Otro participante escribió: "Tuve una visión clara de lo que era importante y urgente esa semana. Por lo tanto, tuve más libertad para reaccionar antes las situaciones inesperadas". Al final, esa persona tuvo que modificar en gran medida sus planes iniciales, pero como había analizado a detalle qué era prescindible y qué no, "cuando tuve que desviarme del plan original sentí la seguridad de que no perdería de vista nada de lo absolutamente necesario".

Esta certeza de que lo importante no terminaría perdiéndose y de que, como alguien más lo expresó, "el progreso se mantendría a pesar de las interrupciones", generó una sensación de tranquilidad a pesar de que la vida les lanzó todo tipo de piedras y raudas corrientes contrarias a los participantes del estudio. Decenas de respuestas mencionaron esta sensación de calma tan solo *una semana* después de implementar una sesión de planificación estructurada y enfocada en las prioridades:

- "[La planeación] me ayudó a sentir constancia a lo largo de una semana de intensa actividad. Este mes es el más cargado de trabajo de todo el año, pero estoy lidiando bien con el estrés".
- "[Esta regla] sirvió para que una semana cargada fuera menos caótica y me permitió asegurarme de invertir tiempo, tanto

en actividades que quería realizar, como en otras que debía llevar a cabo".
- "A pesar de que no terminé todo, sentí que logré suficiente porque hice lo que había planeado".

Cuando ves la semana completa y todo lo que está sucediendo, empiezas a tener una noción más clara de lo que conviene incluir en ella y lo que no. "Como mi semana ya estaba planeada y repleta, me resultó más fácil decir 'no' a actividades poco importantes —dijo una persona—. Al final de la semana, no hubo una sola actividad o proyecto grande del que tuviera que decir: 'Simplemente no pude trabajar en esto', lo cual me parece genial".

Desarrollar la habilidad de hacer listas razonables de pendientes no es cualquier cosa, pero hacer una revisión todos los viernes ofrece la oportunidad de establecer la responsabilidad. Si continúas diciendo que cierta tarea es una prioridad para la semana próxima, pero sigues sin hacerlo, tarde o temprano tendrás que aceptar que algo anda mal.

Tal vez decidas olvidarte del asunto o, como les sucedió a muchos de los participantes del proyecto, querrás hacer que suceda. Muchas personas reportaron haber avanzado en proyectos de mayor envergadura, el tipo de tarea que, con frecuencia, habían estado posponiendo.

"Planear me ayudó a salir de la mentalidad de las 24 horas y adoptar una visión más lenta y a largo plazo para mis objetivos", escribió una persona.

Otra hizo un importante cambio profesional: "Una de mis prioridades era solicitar un nuevo empleo en mi organización, y la planeación me facilitó pasar tres noches, más un poco de tiempo adicional el fin de semana, preparando mi carta de motivos y mi currículum".

Alguien más explicó: "Para mí, la mejor parte de la planeación fue que pude hacer una lista de pequeños pasos concretos y bien articulados que formaban parte de un gran proyecto amorfo, y esquematizar otros en el marco de un bloque previamente programado de periodos de trabajo intenso para cada día. Luego, ¡logré llevarlos a cabo!".

En el caso de muchos participantes, la planeación sirvió para darle forma a estos bloques de tiempo para un trabajo enfocado porque analizaron sus agendas desde una perspectiva estratégica. Reprogramaron reuniones que se atravesaban en horas que, en realidad, podrían liberarse; o tomaron decisiones bien pensadas, como concentrarse en trabajo real en lugar de perder tiempo procesando correos electrónicos durante una hora que tenían libre antes de la reunión de las 10 a.m.

Si el trabajo se sentía más apacible, el tiempo personal también parecía más gozoso.

"Pensar con anticipación me permitió planear actividades divertidas: una cita para jugar en el parque con otra familia; una 'hora feliz' en exteriores exclusiva para mamás, y comprar comida para llevar a la venta de pescado frito de nuestra parroquia —escribió una participante—. Esta considerable cantidad de actividades divertidas en medio de una ocupada semana escolar/laboral me permitió disfrutar de la emoción y del placer de hacer algo distinto de verdad".

Cómo abordar los momentos difíciles

Por supuesto, no todo salió a la perfección. En la primavera de 2021, mientras las restricciones de covid-19 comenzaron a aligerarse en Estados Unidos, algunos de los participantes en otros países acababan de empezar nuevos confinamientos que complicaron sus planes. No obstante, una buena planeación puede hacer que sintamos que las actividades son factibles incluso en medio de un escenario en el que, por ejemplo, las escuelas y las guarderías cierran de repente. Cuando estás consciente de cuáles

Un martes más tranquilo

son tus prioridades laborales y de lo que tiene que suceder a como dé lugar, te enfocas primero en estos pendientes en la primera oportunidad. Tal vez no avances gran cosa, pero lo que hagas será lo que tendría que haberse hecho.

Algunas personas miraron en retrospectiva y descubrieron algo obvio: que si haces un plan y quieres que este continúe siendo la base de tus decisiones, tienes que seguir viéndolo, refiriéndote a él. Por eso mantengo mi planificador abierto sobre mi escritorio, en la oficina que tengo en casa, así permanece visible el fin de semana también. Un participante dijo que guardó su plan en algún lugar y luego se olvidó de él hasta que llegó el viernes siguiente.

"Es como hacer un presupuesto con anticipación y no verlo sino hasta que se te acaba el dinero —dijo esta persona, sintiéndose arrepentida—. Tengo que hacerme el hábito de revisar mi plan todos los días".

Otros descubrieron, o redescubrieron, que planear implica calcular tiempos, y eso no es sencillo. Mi filosofía es: la mayoría de las cosas toman más tiempo del que imaginas. Esto significa que debes planear menos actividades de las que piensas que podrías realizar en un solo día. Una lista de pendientes con cinco tareas es factible, pero ¿una de 50? No del todo. Dicho lo anterior, también es posible volverse más hábil para calcular tiempos inciertos utilizando herramientas de seguimiento temporal y de colaboración abierta.

En general, la práctica permite que la planeación se vuelva cada vez más sencilla. Averiguas lo que tiene que planearse de forma ceñida y lo que puede hacerse en un marco más holgado, pero claro, el equilibrio puede variar dependiendo de las circunstancias. Una persona reflexionó y dijo: "Creo que el viernes pasado no planeé mi semana tan bien como pude hacerlo. Identifiqué las prioridades profesionales, personales y de relaciones, pero no bloqueé espacios para realizarlas, así que, aunque sabía que quería llevarlas a cabo, y al final lo hice, hubo muchos momentos a lo

Regla 2. Usa los viernes para planificar

largo de la semana en que me pregunté: '¿Qué debería estar haciendo en este momento?'. Desde mi punto de vista, al menos, y como buena parte del objetivo de esta estrategia radica en eliminar la ambigüedad sobre cómo se debería pasar el tiempo, siempre es útil tener un plan más concreto".

A veces toma tiempo aplacar el caos. Un participante se lamentó de que, en especial en el trabajo, las actividades urgentes tenían la tendencia a desplazar a las importantes, pero no urgentes. Le daba la impresión de que en ninguna semana le alcanzaba el tiempo para hacer ambas, aunque, quizá, avanzando poco a poco, algún día lo lograría. "Incluso invertir media hora y empezar a pensar en un pendiente a futuro es mejor que solo incluirlo en la lista y nunca abordarlo. Espero que continuar planeando mis semanas me facilite el proceso en algún momento. No obstante, tarde o temprano las tareas importantes que no son urgentes se tornarán urgentes, siempre sucede. Por eso, si comenzara a trabajar en ellas lo antes posible, más adelante no tendría tanto trabajo por hacer, y eso, a su vez, me abriría más espacios para las tareas importantes que no son una emergencia aún".

Esta persona se dio cuenta de que los beneficios de planear se acumulan mientras lo sigas haciendo. Continúas ponderando lo que sucede y mirando al futuro, y así, lo importante tiene una buena oportunidad de suceder antes de volverse urgente. Esta práctica fomenta un pensamiento crítico que te permite detectar problemas en potencia antes de que se presenten, así como la voluntad de reunir tus recursos para resolver las dificultades que tienen solución. Esto significa que habrá menos crisis y que, las que lleguen a presentarse, no se convertirán en desastres.

Una sesión de planeación de 20 minutos los viernes no resolverá todo, pero te aseguro que solucionará bastante, así que, ¿por qué no experimentar al menos? Una de las participantes de Un martes más tranquilo no estaba muy convencida, pero cuando se le preguntó cómo enfrentaría esta dificultad, escribió lo siguiente: "Puedo unirme a un estudio del tiempo en el que me pedirán que planee mi semana los viernes, me agrade la idea o no".

Su respuesta me encantó. Todos queremos tener una mejor relación con el tiempo a pesar de que percibimos que ese arroyo que fluye de manera incesante, sobre el que escribió Isaac Watts, se aleja arrastrando nuestros años. Como dicen los pensadores del diseño, probar no tiene nada de malo. Tal vez no funcionará, pero, quizá, si inviertes 20 minutos los viernes, crearás una sensación de sosiego y felicidad, y te darás tiempo para lo que importa. A su vez, esto hará que flotar en esa corriente incesante se transforme en una experiencia mucho más placentera.

Da el siguiente paso: haz una lista de cien sueños

Para planear nuestras próximas 168 horas enfocándonos en lo importante y no solo en lo que vaya sucediendo, necesitamos saber *qué* importa. Tal vez ya sabes con exactitud todo lo que quieres hacer con tu tiempo, y eso es maravilloso, pero a veces las cosas no son tan claras. Me viene a la mente la trillada frase de las graduaciones: "Sigue lo que te apasiona". ¿Por qué? Porque para eso necesitas saber *qué* es. ¿Cuánta gente lo sabe con certeza a los 22 años? ¿O a los 43, o 65? Las pasiones pueden variar dependiendo de las circunstancias.

Averiguar qué quieres hacer con tu tiempo exige trabajo, pero también vale la pena. Soñar es productivo. Si sabemos qué merece darle un espacio en nuestra vida, podremos planear enfocándonos en el placer y lo significativo.

Para averiguar qué merece que le dediques más tiempo, te sugiero que hagas la Lista de cien sueños. Este ejercicio me lo enseñó la *coach* profesional Caroline Ceniza-Levine hace más de 12 años.

Regla 2. Usa los viernes para planificar

Escribí al respecto en mi primer libro sobre la administración del tiempo: *168 horas*, y hasta la fecha la gente sigue diciéndome lo útil que le resultó.

La Lista de cien sueños es justo lo que imaginas. Tienes que escribir 100 cosas que te gustaría vivir o tener en tu vida, pueden ser los objetivos típicos de una lista de deseos, ¡como visitar Fiyi o correr un maratón! La diferencia es que las listas de deseos de la mayoría de la gente solo contienen unos 25 objetivos porque incluyen los nombres de 25 países que les agradaría visitar. Reunir 100 sueños es difícil, ese es precisamente el punto. Empiezas a pensar más allá del viaje a Fiyi y de pronto se te ocurren cosas más originales como contratar una decoración profesional para Navidad, por ejemplo.

Te sugiero que dividas la lista en las mismas tres categorías que usamos para la planificación de los viernes: profesional, relaciones y personal.

La Lista de cien sueños no es una lista de pendientes, no estás obligado a cumplir nada de lo que incluyas en ella, así que no hay necesidad de editar tus ideas. Siéntete libre de escribir "Cantar en el Carnegie Hall", aunque tu mayor logro musical sea haber entonado "Feliz cumpleaños" en las fiestas infantiles. Es probable que escribir este objetivo te motive a incluir "Tomar clases de canto" como siguiente objetivo. Y luego, "Acompañar a Joan y a Robert la próxima vez que vayan a un bar de karaoke". ¡Ya solo te faltan 97!

Necesitarás releer esta lista varias veces y saber que muchos de los objetivos nunca se cumplirán, pero no hay problema. Con suerte, para cuando hayas enumerado 100 sueños, tendrás bastantes aspiraciones factibles tanto en el aspecto profesional como en el personal. Estas aspiraciones pueden servir como combustible para tus sesiones de planeación. Si te parece que sería divertido visitar un jardín cervecero local, puedes llamarle a un amigo o amiga y hacer planes para reunirse ahí el próximo jueves. Esto convertirá tu objetivo en una prioridad en el área de las relaciones para la siguiente semana. Si crees que sería útil para tu carrera formar un pequeño grupo *mastermind* para discutir ideas sobre negocios, podrías pasar cierto tiempo de la siguiente semana pensando en a quién podrías invitar y qué estructura funcionaría.

El concepto más profundo de esta técnica radica en obligarte a pensar en lo que sería disfrutable. A lo largo de los años vertiginosos, muchos damos por sentado que no tenemos tiempo, y por eso no nos molestamos ni siquiera en pensar lo que haríamos si lo tuviéramos. El resultado es que, cuando aparecen ciertos espacios, como le puede ocurrir a cualquiera en ocasiones, hacemos lo primero que se nos presenta: pasamos la noche organizando un montículo de cartas en lugar de preguntarle a Joan y a Robert si estarían disponibles para ir al bar de karaoke, negociar con nuestra pareja un cambio de horario para cuidar a los niños, y salir disparados a cantar algunas canciones el martes por la noche.

El martes llegará de una u otra manera porque, tarde o temprano, todo el tiempo habrá pasado. Sin embargo, pensar en la manera en que nos agradaría pasarlo en el futuro puede hacer que el arroyo fluya hacia algo más divertido o al menos más memorable. La Lista de cien sueños sirve para eso, así que tómate algo de tiempo para comenzar. En los años por venir cosecharás el fruto de estas acciones.

Es tu turno: usa los viernes para planificar

Preguntas de planeamiento:

1. ¿Cómo luce ahora tu planeamiento?
2. Esta regla tiene como objetivo establecer un momento semanal de planeamiento. ¿Qué día elegirás para planear?

Regla 2. Usa los viernes para planificar

3. ¿A qué hora harás el planeamiento? Puedes elegir una hora específica, como las 2 p.m., o un suceso, como durante la siesta del bebé o después de tu reunión con el personal.
4. ¿Cuánto tiempo, en minutos, crees que te tome planear la semana?
5. ¿Qué beneficios crees que verás o ya notaste gracias a la implementación de un momento específico en la semana para planear?
6. ¿Qué obstáculos podrían impedirte mantener esta práctica de forma regular?
7. ¿Cómo podrías enfrentarlos?

Preguntas de implementación:

1. ¿De qué manera afectó tu semana el hecho de planear los viernes, o el día que hayas elegido?
2. Describe los impedimentos que enfrentaste al implementar la estrategia de esta semana.
3. ¿Cómo lidiaste con ellos?
4. ¿Necesitaste modificar la regla? De ser así, ¿cómo lo hiciste?
5. ¿Qué tan probable es que sigas aplicando esta regla en tu vida?

REGLA 3
Muévete antes de las 3 p.m.

El ejercicio no toma tiempo, lo crea.

Hace algunos años ofrecí una conferencia en un enorme complejo corporativo. Los equipos tenían como objetivo permanecer juntos, pero, como podrás imaginar, dada la dimensión de la organización, esto no siempre era posible. Una mujer me dijo que poco antes había empezado a trabajar con un grupo ubicado a varios edificios de distancia, lo cual la obligaba a recorrer el complejo para asistir a las reuniones por lo menos una o dos veces al día. Como usualmente estaba tratando de terminar algo con anticipación, sus caminatas eran bastante enérgicas.

Pudo ser fatigante. De hecho, me contó esta situación para ilustrar un impedimento en la administración del tiempo. Sin embargo, después comentó, casi como si acabara de notarlo, que esa actividad cotidiana forzada tuvo ventajas. Llegaba a las reuniones sintiéndose más alerta que la mayoría de la gente que tiene que asistir a algo a media jornada de trabajo. Un problema de rigidez física del que había estado sufriendo mejoró, por lo que sospechaba que mover su cuerpo con más frecuencia fue lo que le ayudó. El problema era que la caminata no tenía cabida en su agenda.

Hasta que la tuvo.

Me quedé pensando en lo que me contó porque se relaciona de manera directa con una constante dificultad moderna. El cuerpo humano fue hecho para moverse. A lo largo de buena parte de la historia, la gente tuvo que moverse todo el tiempo. Sin embargo, si estás leyendo este libro ahora, lo más probable es que pases la mayor parte de la jornada sentado. En los días que no se labora tal vez tengas más actividad, pero también podría ser lo contrario. La mayoría de la gente usa el automóvil para ir a casi todos lados. La pandemia de covid-19 exacerbó este problema porque millones de personas empezaron a trabajar desde casa y solo tuvieron que mover los pies un poco para ir de la cama a su escritorio. Para colmo, en la medida de lo posible, tuvieron que ordenar a domicilio los víveres y artículos necesarios para el hogar. Los profesionales de la entrega a domicilio caminaron más, pero el resto de la gente... no tanto.

Conforme la sociedad avanza, nuestra sedentaria vida mejora. Yo, por ejemplo, prefiero pasar mis días escribiendo en lugar de yendo a traer agua a un río, sin embargo, en algún momento la productividad empieza a decaer. He recopilado la información de distintos estudios permanentes en los que se compara la actividad física con varios productos farmacéuticos, en especial los prescritos para enfermedades crónicas que drenan la energía de la gente. Resulta que, para la depresión de ligera a moderada, el ejercicio regular es tan efectivo como los antidepresivos. El ejercicio funciona para el insomnio leve tan bien como las pastillas para dormir. En un estudio se descubrió que la gente que caminó de manera vigorosa cinco veces o más en un periodo de siete días resultó 60 por ciento menos sensible al dolor que el grupo de control.

El ejercicio también es un estimulante natural. Gracias a uno de mis estudios preferidos sobre el vigor a lo largo del día se descubrió que un estallido de actividad física de cinco minutos realizado en el momento en que la gente se sentía particularmente cansada aumentó los niveles de energía que los participantes reportaron, de 3 a 9 en una escala de 10 puntos. Una hora después, las personas continuaron calificando su energía con un 6, es decir, el doble de lo que habían reportado antes.

No se requiere de un gran ejercicio lógico para imaginar que la gente hizo más durante los 55 minutos en que su energía aumentó a más de 6, que lo que habría logrado en una hora completa o, quizá incluso más, sintiendo su energía en el nivel 3. Debido a esto, me gusta decir que, al igual que el sueño, el ejercicio no toma tiempo, sino lo crea. Dentro de un marco razonable, el tiempo dedicado a la actividad física te recompensará porque, después de algunas semanas, podrás enfocarte mejor, tomar mejores decisiones y enfrentar los impedimentos cuando surjan. Mover nuestro cuerpo es una excelente manera de ser más productivos.

El problema es que, aunque la gente podría estar de acuerdo con esta afirmación, el "ejercicio", por la manera en que lo percibimos, no coincide con la vida moderna. La mujer que caminaba 10 minutos para reunirse con su equipo tenía que despertarse temprano para manejar hasta su oficina, trabajaba todo el día y después tenía que volver a casa para hacerse cargo de sus responsabilidades en el hogar. Si hacer ejercicio significa asistir a una sesión de una hora en un gimnasio y luego darse una ducha, poca gente de la que trabaja tiempo completo y tiene familia puede ejercitarse más de tres días por semana. Y eso está bien. De hecho, en el siguiente capítulo de *Un martes más tranquilo* hablaremos de la Regla 4: Tres veces a la semana forman un hábito. No obstante, si lo que deseamos es beneficiarnos de los efectos de la actividad física que ayudan a aumentar la energía y mejorar nuestro estado de ánimo, lo más recomendable es ejercitarse todos los días, porque esa es la frecuencia con que se deben tomar los productos farmacéuticos que se prescriben para las enfermedades crónicas que el ejercicio puede aliviar.

Esto me lleva a la **Regla 3 de Un martes más tranquilo: Muévete antes de las 3 p.m.**

Para estimular la energía y sentir que no es tan difícil enfrentar la vida, comprométete a realizar algún tipo de actividad física durante **por lo menos 10 minutos en la primera mitad del día, todos los días.** Si la actividad dura más tiempo, mucho mejor, pero 10 minutos son buenos para comenzar. Como muchos de los participantes de Un martes más tranquilo lo descubrieron, incluso una rutina así de breve puede cambiar tu día, y basta con cambiar nuestros días para empezar a darle un giro a nuestra vida.

En esta regla, cuando digo "muévete", me refiero a cualquier tipo de movimiento. La mayoría de la gente camina, pero también puedes hacer flexiones de brazos, ejercicios abdominales, saltos de tijera, balanceo de pesas rusas, etcétera. También cuentan las carreras en el jardín para alcanzar a tus niños o los recorridos empujando la carriola. Las actividades tradicionales, como correr o asistir a una clase de *fitness*, son excelentes si a ti te funcionan, pero si no, no tiene caso ir a sudar tanto que luego necesites una ducha. La mujer que nos contó sobre el inconveniente de tener que recorrer a paso veloz el complejo corporativo en mi conferencia no necesitaba cambiarse de ropa antes de iniciar sus reuniones y, de todas formas, sentía los beneficios de la actividad física. Hacer algo, aunque sea poco, siempre es mejor que nada.

Asimismo, cuando digo "antes de las 3 p.m.", me refiero a algo que requiere una explicación un poco más extensa. Gracias a algunas investigaciones sabemos que la gente que se ejercita de manera regular suele hacerlo en la mañana porque, como lo discutimos al hablar de la rutina matutina, las mañanas tienden a ser momentos más estructurados. Si incluyes el ejercicio en tu rutina de todas las mañanas, lo llevarás a cabo. En cambio, si planeas ejercitarte a las 5 p.m. corres el riesgo de que una reunión retrasada o el hecho de que uno de tus niños necesite que lo lleves a casa te impida cumplir con tu propósito.

Como habrás notado, sin embargo, la regla no dice "Muévete antes de las 10 a.m." porque mi intención no es persuadir a la gente de que se inscriba a una sesión de *CrossFit* a las 6 a.m. Si decides hacer algo así, o si ya eres una persona comprometida con el ejercicio matutino, ¡genial! El estímulo energético que te proveerá esta decisión te recompensará a lo largo de todo el día, pero si para ejercitarte prefieres tener un encuentro íntimo con tu caminadora casi todas las noches a las 8 p.m., cuando tus niños ya se fueron a dormir, no es necesario que modifiques este hábito. De hecho, te felicito por aprovechar un momento del día que a la mayoría de la gente le cuesta trabajo usar para actividades productivas.

En realidad, lo que quiero hacerte comprender es que, a menos de que ya hagas ejercicio los siete días de la semana, los 365 días del año, esta regla trata de animarte a que incluyas un poco más de actividad física en tu vida, en especial en los casos en los que moverse más representa un beneficio importante.

La estrategia del hábito diario

Una regla que te motiva a moverte antes de las 3 p.m. puede generar varios resultados positivos, en especial los cargados días entre semana. En primer lugar, a menos de que logres incluir en tu mañana un entrenamiento a las 6 a.m., esta regla te obligará a tomarte por lo menos un descanso. Todos lo necesitan. Es muy fácil que una serie de reuniones o citas en cadena te absorban por completo y solo te den oportunidad de ocupar los intermedios para revisar correos electrónicos. Si no tomamos descansos reales, tomamos descansos falsos, lo cual explica por qué el otro día perdiste 45 minutos en una red social mirando las fotografías del perro de un excompañero de la preparatoria y dándoles clic a los anuncios de pijamas lujosas. Créeme que una caminata de 10 minutos habría sido más eficaz para relajarte.

¿Por qué digo que hay que hacerlo antes de las 3 p.m.? No es una hora elegida al azar. Cuando la gente monitorea sus niveles de energía a lo largo del día, las 3 p.m. es, en promedio, la hora en que se llega al punto más bajo, al menos, durante las horas comunes de oficina. El segundo beneficio es que, si sabes que tienes que realizar actividad física antes de las 3 p.m. y no lo has hecho aún, un ligero estallido de energía puede volver a encarrilarte. Lo más probable es que, si te ejercitas, puedas continuar funcionando lo que resta de la jornada laboral sin depender de la cafeína o las barritas de cereal.

Esta regla, sin embargo, tiene un propósito ulterior como todas las demás.

En especial en la sociedad sedentaria en que vivimos, para asegurarte de que te moverás antes de las 3 p.m., tendrás que planear muy bien. Tienes que analizar el panorama de cada día, tanto los laborales como los de descanso, y encontrar los espacios que podrías usar. Serás como un general inspeccionando el campo de batalla. ¿Qué se puede mover? ¿Qué no? ¿Qué problemas logísticos debes resolver a medida que recorras el pasar de las horas?

Esta mentalidad estratégica tiene todo tipo de beneficios y efectos secundarios. Si logras identificar o crear un espacio para caminar 10 minutos, ¿qué más podrías organizar? Tal vez más de lo que imaginas. En esencia, **tú estás a cargo de tu tiempo**. Un descanso diario de 10 minutos te lo recuerda en cada ocasión y te motiva a extender el alcance de tu poder hasta donde puedas. Comprometerse con esta regla te ofrece una evidencia cotidiana de la autonomía que tienes en tu vida y, con el tiempo, notar esto podría cambiar la narrativa que siempre te cuentas: "Estoy abrumado".

El compromiso de moverte antes de las 3 p.m. también te exhorta a prestar atención a la manera en que tu energía mengua y fluye a lo largo del día, y al control que puedes ejercer en sus distintos niveles. Si comprendes tus ritmos energéticos puedes empezar a planear tus días tomándolos en cuenta, es decir, planearás las tareas pesadas para cuando estés en mejor forma para abordarlas y encontrarás un modo estratégico de implementar breves estallidos de actividad para sobrellevar los momentos en que decaiga la energía. En resumen, te convertirás en una especie de entrenador de atletas de élite y sabrás cómo convencer a tu cuerpo y mente de alcanzar su máximo desempeño. Este cambio de mentalidad hacia tu mejoramiento físico te permitirá lograr más de lo que jamás has imaginado.

Claro, 10 minutos no es gran cosa, por lo que tal vez suene tonto hablar de generales y entrenadores si solo vas a darle una vuelta a la manzana, pero lo que esta regla busca en realidad es que establezcas una nueva mentalidad respecto a ti mismo y a tus horas. Además, la actividad física suele hacerte sentir bien porque, al menos, te pone en movimiento. A medida que tus niveles de energía aumenten, empezarás a buscar otros espacios en tu agenda para moverte. Lo más probable es que empieces a extender esta asignación de 10 minutos, al menos, en algunas ocasiones. La obligación de realizar una caminata rápida a las 2:30 p.m. te hará salir y encontrarte con la maravilla que puede ser un luminoso día de junio. Te parecerá que el inmenso cielo azul te sonríe y, en cuanto comprendas que cualquier otra cosa puede esperar, terminarás caminando 40 minutos.

Perspectivas de los participantes: ideas para la implementación

La mayoría de los participantes de Un martes más tranquilo ya hacía ejercicio de manera regular. Cerca de 60 por ciento dijo realizar actividad física por lo menos dos horas por semana, el equivalente de cuatro sesiones de media hora. Solo 3 por ciento afirmó no hacer nada. La gente hacía ejercicio de maneras tradicionales, pero también singulares, es decir, había quienes se transportaban en bicicleta para ir al trabajo y volver, y quienes apilaban leña. Cuando la gente comenzó a salir tras la pandemia, en la primavera de 2021, pocos reportaron estar yendo al gimnasio, pero muchos dijeron haber invertido en bicicletas de Peloton o, por lo menos, usaban la aplicación.

Un martes más tranquilo

A pesar de este nivel de actividad, ya de por sí envidiable, la mayoría estaba emocionada y dispuesta a darse más tiempo para ejercitarse, en especial en los breves espacios a lo largo del día y con esta nueva mentalidad de que el ejercicio podía ser una herramienta para aumentar la productividad en lugar de una tarea impulsada por algún deseo vago de bajar de peso. Solo 7.5 por ciento de los participantes dijo que la regla no les funcionaba, pero dieron todo tipo de ideas para cuando pudieran moverse.

"Podría imponerme la regla de hacer una caminata de 10 minutos después de cada reunión, o bloque de reuniones, si tengo varias consecutivas —sugirió alguien—. Cada vez que salgo de una junta, me siento abrumado. De todas formas, necesito darme un descanso, alejarme de la pantalla y ordenar mis pensamientos".

Varios sugirieron caminar durante las llamadas de trabajo que solo fueran en audio, o en las reuniones virtuales, si les permitían apagar la cámara. Algunas personas que tenían perro y trabajaban desde casa dijeron que, en lugar de solo abrir la puerta trasera para que sus mascotas salieran, podrían sacarlas a pasear en algunos momentos de la jornada. Como la información la recopilé en primavera, a algunos les agradó la idea de disfrutar del clima cálido y no usar el automóvil para los paseos cortos a la escuela o la guardería. Una persona aprovechó esta regla para retomar el antiguo hábito de subirse a la caminadora cinco minutos en cada ocasión y programar una caminata con inclinación pronunciada. Asimismo, una persona con niños se propuso salir a pasear con su hijo de octavo grado todos los días, en cuanto terminaran las clases virtuales.

Algunos también detectaron oportunidades para aumentar la intensidad de las actividades ordinarias. Una persona decidió ser más firme en cuanto a su intención de correr en el patio con los niños cuando salían con sus bicicletas a mediodía, y otra decidió enfrentarse al montículo de ramas secas que se había formado después de la reciente tormenta de hielo.

Regla 3. Muévete antes de las 3 p.m.

Perspectivas de los participantes: identificación de los obstáculos

Por supuesto, junto con sus ideas, las personas previeron muchos impedimentos. Algunos los anticiparon y otros los encontraron durante la implementación de la regla. Había gente con un empleo inflexible que impedía el movimiento o, al menos, el movimiento elegido. Una mujer notó que su contrato le exigía permanecer dentro del edificio durante todo su turno, y solo tenía 20 minutos para almorzar en un horario fijo. Por suerte, todos los días terminaba a las 3:30 p.m., así que empezó a disfrutar de un relajante paseo a esa hora, es decir, no mucho después de las 3 p.m. La gente que debe cumplir horarios estrictos por contrato, con dos descansos de 15 minutos y un almuerzo de media hora, puede usar uno de sus descansos para salir a caminar. En realidad, a menos de que tu trabajo consista en cortar madera, no puedes saltarte este capítulo.

Algunas personas sentían que su jornada laboral era demasiado intensa para incluir un descanso elegido de manera consciente. Hubo quienes dijeron temer que sus colegas los juzgaran si daban la impresión de tener tiempo para levantar la cabeza y hacer algo más que trabajar. Una persona dijo que este impedimento era como "Me intento convencer con la excusa de que no tengo tiempo porque hay cosas más urgentes/importantes que debo hacer, y me preocupo por lo que pensarán mis compañeros de trabajo si salgo a dar un paseo a media tarde".

Una fecha límite inminente puede hacernos sentir que 10 minutos son demasiado valiosos para desperdiciarlos en un descanso, incluso si estamos conscientes de que, a cierto nivel, esa pausa nos dará a cambio horas de trabajo más enfocado. Asimismo, las exigencias de quienes nos rodean pueden ser incesantes. Una persona describió esta locura como "un constante flujo de sinsentido". Incluso si no estamos encadenados físicamente a nuestro escritorio, salir a hacer una caminata breve y demostrar así el ejercicio de cierto poder sobre nuestro tiempo puede ser percibido como un acto arriesgado en un ambiente en el que se valora que la gente se mantenga ocupada todo el tiempo.

A pesar de que trabajar desde casa, alejados del escrutinio de los compañeros de trabajo, podría permitirnos tomar descansos con más facilidad, varias de las personas que teletrabajaban dijeron que de todas formas tenían que supervisar a sus niños pequeños porque la pandemia había afectado los horarios escolares y los acuerdos que tenían usualmente para que los cuidara alguien más. Una de las participantes dijo que, en teoría, podría subir a la caminadora mientras los niños tomaban su siesta, pero "el periodo entre 12:30 p.m. y 2:30 p.m. es uno de mis espacios principales para trabajar". A las 3 p.m., cuando su esposo llegaba a casa y se hacía cargo de los niños, ella necesitaba terminar el trabajo pendiente. Esta mujer tenía que luchar contra la idea preconcebida de que un descanso de 10 minutos era una indulgencia irremediable. En este caso, te puedo dar un consejo: ¡no es necesario aprovechar la hora de la siesta! Puedes salir a caminar y dar un prolongado paseo con tu bebé en la carriola, eso lo mantendrá tranquilo.

Unas cuantas personas mencionaron una inquietud más bien de orden práctico: el ejercicio las haría sudar.

"Si hago cualquier cosa que me haga sudar de verdad, primero tendría que cambiarme de ropa, hacer ejercicio y volverme a cambiar. Para hacer todo esto, también tendría que caminar hasta el otro lado del edificio", escribió un participante que, además, hizo el cálculo y dijo que los cambios añadirían 10 minutos más al principio y al final de cualquier entrenamiento de 10 minutos, es decir, la inversión en tiempo para cumplir esta regla sería mucho mayor. Porque, claro, hacer el cálculo mental y ver que el tiempo necesario se triplica es la mejor manera de desanimar a cualquiera. Sin embargo, si no sientes la necesidad de cambiarte de ropa

Regla 3. Muévete antes de las 3 p.m.

cuando caminas del estacionamiento hasta tu escritorio, es difícil pensar que añadir unos minutos de la misma actividad cambiaría las cosas demasiado.

Algunas personas mencionaron que el día se les acababa o que no se sentían motivadas, ya sea por factores específicos como el clima o por una situación general: "Creo que sobreestimo la carga y subestimo el beneficio de realizar una actividad física por momentos".

A veces vemos las fallas en nuestro pensamiento, pero de todas formas sucumbimos a estas excusas. Mis participantes dijeron que estarían cansados, o tenían buena disposición para moverse entre semana, pero el sábado y el domingo todo se venía abajo porque no seguían la misma estructura. Cuando notaban que tenían tiempo libre limitado en los breves descansos entre sus compromisos laborales, muchos preferían entregarse a otras actividades como leer.

Perspectivas de los participantes: superar los impedimentos de manera creativa

Reflexionando un poco, la gente encontró maneras de resolver estas dificultades. Por ejemplo, la persona a la que le preocupaba lo que dirían sus colegas, decidió "simplemente hacerlo. No todos los días me salgo de la oficina para hacer una caminata a media tarde, pero cuando lo hago, el resto del día soy más productiva. Además, no pasará nada malo en los 10 minutos que me aleje de mi escritorio".

La gente que no tenía con quién dejar a sus hijos, los hizo participar en la actividad. Una persona dijo que empezó a hacer yoga con su bebé bien sentado en medio del tapete. A un niño un poco mayor podría agradarle la idea de tener su propio tapete y ver un video dirigido a practicantes de su edad. Una fiesta de cinco minutos bailando una canción pegajosa puede cambiar el ambiente por completo cuando los pequeños empiezan a sentirse abatidos. Y cuando *tú* te sientas así también.

Un martes más tranquilo

Algunas personas cambiaron el propósito de los descansos que ya tomaban. Un ferviente seguidor de la técnica Pomodoro, es decir, de trabajar 25 minutos y hacer una pausa de cinco, se dio cuenta de que la aplicación Peloton "tenía entrenamientos muy cortos de cinco o 10 minutos. Así que empecé a hacerlos en mis descansos Pomodoro".

A quienes les costaba trabajo recordar que tenían que moverse antes de las 3 p.m. se les ocurrió añadir un descanso para caminar como actividad recurrente, o comenzaron a programar pausas de la misma manera que programaban sus reuniones. Algunos participantes descubrieron lo benéfico que era tener una serie de varias opciones. Lo ideal era una caminata de 30 minutos a la hora del almuerzo, cuando el día estaba soleado y la temperatura era de 23 grados, pero si el pronóstico anunciaba tormentas eléctricas, podían subir y bajar las escaleras en el edificio donde trabajaban o cerrar la puerta de la oficina y hacer algunas flexiones de brazos. O, si el día era en verdad desmoralizante, incluso hacer una pausa más prolongada e ir a un gimnasio cerrado.

Otros decidieron poner a prueba su nivel de resistencia. En buena medida, se trataba de una mentalidad tipo "o todo o nada", es decir, pensaban que menos de una hora en el gimnasio no contaba como ejercicio, o que, a menos de que terminaran bañados en sudor y necesitaran los 10 minutos adicionales para cambiarse, antes y después, no tenía sentido mover un dedo. Un participante tuvo una epifanía: "Podía ser algo tan simple como caminar 10 minutos. Creo que, para sentir menos reticencia y temor al abordar la actividad, lo principal es que redefina lo que considero ejercicio".

Un participante incluso empezó a repetirse un mantra: "Solo 10 minutos y cualquier ejercicio que elija". Nada de las carreras cortas que imponen los entrenadores en el gimnasio como si fueran castigo. Nada de subir encaramado en una soga. Nada de prendas

Regla 3. Muévete antes de las 3 p.m.

ridículas. Nada de contar calorías para redimirse por haber comido algo prohibido. Solo enfocarse en el placer y el disfrute.

Insisto en que, si se tiene una mentalidad flexible, siempre hay manera de hacer por lo menos 10 minutos de *algo*. En la alegría después del ejercicio, descubrirás que siempre hay una razón para moverse. Fue lo que me sucedió cuando, hace algunos años, decidí correr por lo menos un kilómetro y medio todos los días. En algunos momentos de mi racha de tres años como corredora terminé dando vueltitas en diminutas habitaciones de hotel o corriendo en círculos en mi sótano cuando tenía nueve meses de embarazo, lo cual me parecía ridículo. No obstante, todo esto me hacía sentir mejor al terminar. No tanto como si hubiera corrido ocho kilómetros a lo largo de un acantilado con vista al mar, pero un poco mejor. En la semana que nos tocó experimentar con esta regla, una de las participantes de Un martes más tranquilo viajó para visitar a su hermano, a quien le acababan de diagnosticar cáncer. Habría sido comprensible que, por esta razón, se saltara esta semana, pero en lugar de eso, esta mujer supuso que la actividad física en verdad podría estimularla y alegrarla un poco. "Como no tenía tapete de yoga tuve que enfrentarme a una alfombra en la que se me resbalaban los pies —explicó—. Usé una cacerola de Le Creuset porque en casa de mi hermano no hay pesas para levantar, y cuando encontré una colina con buena inclinación, le pedí que me acompañara. SIEMPRE se puede encontrar una manera de hacer ejercicio".

Los resultados

Con base en esta mentalidad dispuesta a resolver problemas, y enfocándose en el placer y el disfrute, la mayoría de la gente obtuvo beneficios al aplicar la regla de moverse antes de las 3 p.m. Los participantes de Un martes más tranquilo notaron un incremento constante en la cantidad de energía disponible para lo que necesitaban o deseaban hacer en el resto del proyecto. En la afirmación "Ayer tuve suficiente energía para enfrentar mis responsabilidades", los niveles de satisfacción sumaron un promedio de 4.95 en una escala de 1 a 7.

Después de que la gente implementó la regla de fijarse una hora para irse a dormir, las calificaciones favorables para la pregunta de si habían tenido suficiente energía en la semana para lo que deseaban hacer sumaron un promedio de 5.10. Después de que empezaron a moverse antes de las 3 p.m., las calificaciones para la misma pregunta subieron a 5.31. Luego siguieron aumentando un poco más antes de estancarse, pero incluso un mes antes de que terminara el proyecto seguían bastante elevadas y se mantuvieron en 5.49 (para la pregunta de si la gente había tenido suficiente energía para enfrentar sus responsabilidades "el día anterior"). Desde el punto de vista estadístico es un aumento significativo incluso para quienes, en promedio, ya se ejercitaban desde antes con frecuencia. En el transcurso de nueve semanas, cerca de 20 por ciento de la gente en mi estudio pasó de afirmar que no tenía suficiente energía para enfrentar su ocupada vida, a decir que se sentía vigorizada.

Algunas personas decidieron hacer ejercicio por las mañanas, con todas las ventajas que todavía las motivan a continuar programando la alarma para despertar temprano:

- "Cada vez que me ejercito temprano, en especial si es lo primero que hago en la mañana, la sensación de logro permanece conmigo todo el día y me impulsa a seguir adelante".
- "¡Ya cumplí con hacer ejercicio por este día! ¡Ahora puedo descarrilarme!".
- "Hacer ejercicio en la mañana me permitía bañarme y vestirme temprano, en lugar de tener que hacerlo en otro momento no definido del día, así que, cuando debía hacer algún encargo o ir a recoger a mis niños a la escuela por la tarde, me sentía bien conmigo misma".

Regla 3. Muévete antes de las 3 p.m.

Quienes se enfocaron más en el hecho de moverse "antes de las 3 p.m." notaron los beneficios de forzarse a crear un espacio a lo largo de la mañana y mediodía. Cada vez que abordamos de forma estratégica las horas del día, podemos encontrar un ritmo que nos convenga y alternar los periodos de trabajo enfocado con un verdadero rejuvenecimiento. Alejarnos del escritorio y la pantalla "ejerce un cambio completo de mentalidad y actitud", dijo un participante. Otro comentó: "Fue muy grato tener descansos mentales. Cuando regresaba a mi escritorio, me sentía revigorizado". Muchos dijeron sentir "más tranquilidad, sentirse más en el presente" y con "frescura y enfoque", con "una perspectiva distinta de mi carga de trabajo".

"Sin duda, vi un incremento en mi energía y un cambio positivo en mi estado de ánimo —dijo una mujer—. Por varias razones, fue una semana difícil, la mayoría de los días no tenía ganas de moverme, pero sabía que me sentiría mejor si lo hacía".

Esta certidumbre es lo que hace que la regla sea como magia. La gente desperdicia mucho tiempo y dinero en tratar de sentirse más feliz y contenta, pero la verdad es que 10 minutos de actividad física pueden ofrecernos eso. Casi siempre, y de manera gratuita. Estas breves pausas terminan convirtiéndose en los momentos destacados del día de muchas personas.

"Caminar a la panadería del vecindario de junto, arropada por el calor del sol y al ritmo de la música de una banda que estaba tocando en el parque fue uno de los mejores momentos que he tenido en años. Fue muy benéfico para mi salud mental", dijo alguien.

A medida que los participantes se fueron apegando a esta regla, comenzaron a sentirse motivados por la frase "Mi tiempo me pertenece", y empezaron a abordar los objetivos de la manera en que se forman los hábitos que duran toda la vida: día tras día.

"Creo que estaba tratando de encontrar un momento que me funcionara todos los días en lugar de abordar cada uno de manera individual y preguntarme: '¿En qué momento podría salir a caminar?'", explicó una persona.

Cuando decidimos hacer algo todos los días, dejamos de preocuparnos por la motivación, los impedimentos adicionales que puedan presentarse o si los horarios se mueven: solo hacemos las cosas. Es un gran cambio de mentalidad. Preguntarse "¿cuándo?" en lugar de "¿encontraré el momento?" transforma el tiempo en un ejercicio que implica resolver problemas, ya que siempre habrá una respuesta: solo tenemos que encontrarla. Y cuando realicemos la actividad, volveremos más enfocados y preparados para hacer cosas que antes nos parecían complicadas.

Da el siguiente paso: sal al exterior veinte minutos al día

La actividad física diaria puede ayudar a aplacar el caos, pero no es el único hábito que te ayudará a que la vida sea más gozosa y fácil de abordar.

De acuerdo con lo que cuenta Amy Bushatz, cuando su esposo, Luke Bushatz, regresó de su misión con el ejército estadounidense en Afganistán "atravesaba una verdadera crisis". Había sufrido una traumática lesión cerebral debido a que un artefacto explosivo improvisado chocó con su vehículo. En el ataque murieron varios de sus amigos, y Luke volvió a Estados Unidos lidiando con el estrés postraumático y con problemas de memoria. La vida familiar se tornó difícil, pero entonces Amy notó algo: cuando salían y pasaban tiempo fuera de casa, la situación parecía mejorar. "Era más fácil comunicarnos —cuenta—, él estaba más relajado. Era como ver a alguien quitarse de la espalda una pesada mochila que cargaba todo el tiempo".

Naturalmente, la pareja empezó a pasar más tiempo haciendo senderismo y acampando con sus dos hijos pequeños. En 2016

Regla 3. Muévete antes de las 3 p.m.

decidieron mudarse a un pequeño pueblo llamado Palmer, en Alaska. Ahí les sería más fácil realizar actividades en exteriores. A Luke le encantó el lugar y, tiempo después, posterior a su carrera militar, se desarrolló como director de una organización no gubernamental dedicada a ayudar a los veteranos a mudarse a zonas rurales. La situación para Amy fue un poco más ambigua porque Alaska... es Alaska. Es un lugar frío y a veces muy oscuro. "Descubrí que salía y aprovechaba la herramienta que me había regalado a mí misma, pero solo cuando el clima me agradaba —explica—. Vivir cerca de la naturaleza y tener un acceso absoluto a ella no sirve de nada si no lo aprovechas de verdad".

Esto condujo a Amy a hacerse una pregunta: ¿qué sucedería si se hiciera el hábito de pasar más tiempo fuera todos los días durante todo un año?

Primero se fijó el objetivo de hacerlo por lo menos 20 minutos diarios porque le pareció que era un periodo manejable y porque, por menos de eso, no valdría la pena ponerse los mitones, las botas, el pasamontañas y demás equipo para estar en el frío.

Y eso fue lo que hizo. El verano en Alaska es hermoso, la primavera y el otoño ofrecen colores gloriosos y, como la familia Bushatz había comprado una tina para bañarse con agua caliente, incluso los días helados se sentían como un día de fiesta. El triste invierno se transformó en algo muy distinto. Entre noviembre y enero el sol aparece solo unas horas al día. Uno de los pronósticos más memorables para el pueblo de Palmer fue de 20 grados bajo cero con vientos vertiginosos provenientes de un glaciar cercano. "Eso era frío de verdad —cuenta Amy—. Se te congelaba el vello de la nariz y se sentía muy raro". En un intento por probar actividades nuevas en el exterior, tomó la torpe decisión de correr un maratón en un clima de 10 grados bajo cero. Tuvo que echarse para atrás poco antes del kilómetro 30, casi al punto de la hipotermia. En otra ocasión, casi chocó con un alce por estar inmersa viendo el celular.

Sin embargo, incluso en los días difíciles, siempre regresaba a casa sintiéndose mejor. Logró correr 365 días, y luego continuó haciéndolo. La última vez que hablamos, acababa de establecer una marca de más de 1 400 días consecutivos. "No puedo dejar de insistir en la cantidad de beneficios para la salud mental —dice—. No solo en lo emocional, también me ayudó a estimular mi creatividad y a manejar mejor mis relaciones con la familia y los amigos". Todos los días, Amy tiene una razón para alejarse de su computadora un rato y salir a apreciar las maravillas del mundo, incluso si se ve forzada a hacerlo en el colosal estacionamiento del aeropuerto, cuando ese es el único paseo que puede dar en 20 minutos.

Me encanta esta idea. Una vez que empiezas a moverte todos los días antes de las 3 p.m., ¿por qué no comprometerte a salir 20 minutos también? Son dos actividades que no tienen por qué traslaparse: en lugar de hacer algo físico, podrías meditar fuera u observar el amanecer. También podrías combinar la actividad física con la salida porque tienen beneficios similares. En esencia, ambas te ayudan a oprimir el botón de "reinicio" todos los días. Se sabe que el ejercicio sirve para mejorar el estado de ánimo, también el aire fresco ayuda, así que, en conjunto, pueden hacerte sentir en la cima del mundo incluso un martes común.

Algunas decisiones que podrían facilitarte la adopción de este hábito:

1. Consigue el equipo adecuado.

   Como dice el dicho: "El mal clima no existe, solo la ropa inadecuada". Un buen impermeable, pantalones para la lluvia y botas a prueba de agua pueden hacer que un diluvio parezca un inconveniente menor. Los químicos aislantes de los guantes invernales pueden incluso ayudar a que quienes sufren de mala circulación como yo mantengan las manos

Regla 3. Muévete antes de las 3 p.m.

calientitas. Un abrigo largo con aislamiento térmico que te cubra la parte superior de las piernas te ayudará a soportar el frío mejor que uno que solo llegue a la cintura. Por otra parte, para cualquier clima bajo nueve grados necesitarás algo con qué cubrir tu rostro.

2. Experimenta con la hora del día.

Si el calor te resulta más difícil de soportar, recuerda que no hay límite para la cantidad de capas de ropa que puedes quitarte. Así que mejor empieza a jugar con la idea del "¿cuándo?". El mediodía podría ser brutal, pero una taza de café en la terraza al atardecer tal vez se convierta en un acto de comunión con el asombro. Lo mismo podría suceder durante una caminata nocturna para contemplar la luna.

3. Decide qué harás si el clima o tu horario cambian.

Incluso si cuentas con buen equipo podrías no estar preparado para la ocasión y, además, recuerda que la vida rara vez sale como la planeamos. Si en verdad quieres hacer de una actividad un hábito cotidiano, define una segunda opción para los días en que no puedas hacer lo que planeaste en primer lugar. Si empieza a llover y no tienes paraguas, tal vez podrías sacar a los niños a pasear por la noche, cuando el clima mejore. Amy encontró una zona protegida por árboles y la usa cuando el viento es demasiado fuerte y la obliga a desviarse de su ruta original. Si tu tarde cambia de repente porque tienes que ir al dentista sin haberlo previsto, tal vez podrías sentarte en la terraza en la noche, cuando los niños se hayan acostado, y escuchar a los grillos. Tener un plan de emergencia para enfrentar cualquier eventualidad (véase la Regla 5) aumenta en gran medida la probabilidad de que las cosas sucedan.

Una vez que hayas tomado la decisión de salir 20 minutos diarios, podrás descubrir muchas maravillas más, basta con que abras tu mente a nuevas experiencias. Como lo veremos en los siguientes capítulos, los recuerdos duran más que cualquier ansiedad o incomodidad inmediata. Claro, dentro de lo razonable. Amy, por ejemplo, no recomienda correr maratones en temperaturas bajo cero, pero fuera de eso, te sorprendería lo que *tú* puedes hacer si te lo propones.

Para una noche de lunes, Amy había planeado llevar a sus hijos a una carrera comunitaria para atravesar Palmer. El clima alrededor de la casa de los Bushatz era agradable, pero casi cinco kilómetros más allá, parecía que el pueblo estaba en temporada de monzones. "Las calles se inundaron —cuenta—. Luego aparecieron fotografías de broma de alguien recorriendo el pueblo en un kayak".

La situación era ridícula, ni Amy ni sus niños llevaban ropa para la lluvia, y aunque hubieran estado equipados, la inundación sobrepasaba la altura de las botas. A pesar de todo, algunas personas se presentaron para la carrera, así que decidieron trabajar en equipo y ver qué pasaba. "Corrimos entre charcos que nos llegaban a las rodillas", dice Amy. La familia rio y chapoteó, y aquel lunes fuera de lo común quedó grabado en su recuerdo por siempre. "Prácticamente fue una carrera a nado. Fue una memorable carrera bajo la lluvia, tan genial que, ahora que la miro en retrospectiva, me alegro de no haberme dado la media vuelta y regresado a casa —cuenta—. Pocas veces nos hemos divertido tanto".

Es tu turno: muévete antes de las 3 p.m.

Preguntas de planeamiento:

1. En promedio, ¿cuánto ejercicio haces por semana? ¿En qué momento lo haces?

Regla 3. Muévete antes de las 3 p.m.

2. ¿Qué tipo de ejercicio haces?
3. ¿Qué tipo de actividad física podrías realizar durante 40 minutos antes de las 3 p.m. en un día común? Si ya te ejercitas casi toda la semana, piensa de qué manera podrías añadir 10 o 15 minutos de movimiento al mediodía.
4. Piensa en el día de hoy: ¿En qué momento podrías realizar esta actividad? (Si ya pasan de las 3 p.m., piensa en qué momento podrías hacer ejercicio antes de esa hora, en un día como el de hoy).
5. ¿Qué hay de mañana? ¿A qué hora podrías hacer esta actividad?
6. ¿Qué podría impedirte integrar más actividad física a tu vida?
7. ¿Cómo podrías enfrentar estos impedimentos?

Preguntas de implementación:

1. ¿Aproximadamente cuánto ejercicio hiciste esta semana? ¿Cuándo lo hiciste? ¿Qué tipo de ejercicio fue?
2. ¿Qué efectos notaste en tu vida tras empezar a moverte antes de las 3 p.m. la mayoría de los días?
3. ¿Qué retos enfrentaste al implementar la estrategia de esta semana?
4. ¿Cómo lidiaste con ellos?
5. Si necesitaste modificar la regla, ¿de qué manera lo hiciste?
6. ¿Qué tan probable es que continúes aplicando esta regla en tu vida?

SEGUNDA PARTE

Haz que sucedan cosas buenas

Hábitos para hacer más
de lo que sí importa

La ineficacia en la vida diaria puede resultar exasperante. Un automóvil atascado en doble fila en un embotellamiento le añade 15 minutos a un trayecto. Una reunión recurrente que desde hace mucho tiempo ya no es útil se alarga porque alguien se desvía del tema y se queja de un proyecto del que no se está hablando.

Cuando vemos los minutos caer como granos de arena en un reloj, llegamos a la lógica conclusión de que el tiempo es escaso. Y entonces, nos aferramos y deseamos recuperar un poco del que se ha ido. Por esa razón, los libros sobre administración del tiempo suelen enfocarse en reducir el tiempo de las actividades cotidianas que sí controlamos un tanto. Al sumar esos breves periodos, la gente por fin puede encontrar un poco de espacio para los placeres que antes resultaban elusivos.

Debo admitir que leo muchos de estos libros porque no pierdo la esperanza de aprender algún truco asombroso que aplicar en mi vida. Los abro con la ilusión de que encontraré horas que no sabía que tenía el día, pero luego resulta que los consejos son algo como: "Limpia la ducha mientras te estés bañando" o alguna otra fabulosa idea de alguien que piensa que, si vas a enviar muchos correos electrónicos en los que la respuesta es "Saludos", podrías simplemente escribir "Salu2".

Vaya, si tan solo ese fuera el secreto de una vida cómoda, ¿cierto?

Por desgracia, dejar de escribir una letra o dos en tus correos no cambiará nada en este impredecible planeta, y ni siquiera en tu vida, no importa cuántos correos envíes. No vas a crear de repente vínculos profundos con tu familia o tus amigos, tampoco avanzarás en tus prioridades profesionales y personales, ni vivirás el tipo de fin de semana que te haga sentir amado y feliz el lunes por la mañana.

Si deseas disfrutar de estas cosas, lo más recomendable sería abordar el tiempo de otra forma. En primer lugar, llena tu vida de lo que es importante para ti. Después, de manera natural, pasarás menos tiempo limpiando la ducha, enviando correos electrónicos o haciendo cualquier otra cosa con la que ahora te parezca que llenas tus horas.

La primera parte de Un martes más tranquilo se enfocó en formarse hábitos para el bienestar que te permitan aplacar el caos. Con el tiempo, estos hábitos también nos ayudan a abordar nuestros días, semanas y horas de forma estratégica. Una vez que establecemos las reglas, la vida se vuelve más sencilla.

Esta segunda parte complementa ese cimiento mostrándonos cómo hacer que las actividades que valen la pena sucedan. Después de pensar en las cosas que nos gustaría hacer para enriquecer nuestra vida, diseñamos un plan viable para realizarlas. Construimos horarios resilientes que soporten la complejidad de la vida. Encontramos maneras de hacer cada semana más memorable y algo de espacio para comprometernos con una actividad gozosa que nos haga olvidar las obligaciones laborales y familiares.

En conjunto, todas estas reglas harán que sintamos que la vida no implica un esfuerzo tan grande. Empezaremos a anhelar cada nueva semana. También desarrollaremos la serenidad que nos produce saber que avanzaremos en nuestros objetivos, aunque las cosas no salgan como las planeamos. Tendremos el poder de construir la vida que deseamos. Los siguientes cuatro capítulos te mostrarán cómo hacerlo.

REGLA 4
Tres veces a la semana forman un hábito

Para que algo cuente en nuestra vida, no tiene que suceder todos los días ni cada día a la misma hora.

Leah Burman había encontrado un buen ritmo para su vida con niños pequeños. Era *coach* de Agile y diseñadora de software. Vivía en Maryland y solía hacer ejercicio casi todas las mañanas a las 5:30 a.m., antes de trabajar. Ian, su esposo, era entrenador atlético universitario. Pasaban tiempo juntos en el espacio de 90 minutos que tenían entre el momento en que los niños se acostaban, a las 8:30 p.m., y la hora en que Leah se dormía también, a las 10 p.m.

Luego, los niños crecieron como todos lo hacen y, de repente, ese horario dejó de funcionar. Los preadolescentes se quedaban despiertos hasta la misma hora que sus padres. En realidad, ya no necesitaban niñera, pero sí cierta supervisión y alguien que estuviera al pendiente de sus actividades. Por esta razón, Leah e Ian modificaron sus horarios de trabajo y los adecuaron a los de la escuela. Leah empezaba a trabajar a las 6 a.m. e Ian se hacía cargo del turno de la mañana. Luego Leah supervisaba las actividades después de clases, mientras Ian asistía a su entrenamiento.

Resultado: ya no tenían tiempo para estar solos las noches entre semana. Asimismo, empezar a trabajar a las 6 a.m. "me impidió seguir con mi rutina de ejercicio de las mañanas", me dijo Leah cuando, a finales de 2019, nos escribimos por primera vez para hablar de sus horarios. "He tratado de motivarme para hacer ejercicio cuando los niños están en sus actividades por la tarde, o después, por la noche, pero no me funciona". ¿El resultado? "La mayor parte del tiempo termino no haciéndolo".

Esta situación no la hacía feliz, quería encontrar nuevas opciones para hacer ejercicio y tener un poco de tiempo a solas con su esposo a pesar de su ocupada vida. Entonces le pedí que monitoreara su tiempo durante siete días para ver qué podíamos hacer.

La primera semana fue… impresionante. Ese es el problema de ofrecerse a renovar los horarios de gente que ya lee libros y blogs sobre productividad. Leah usaba el tiempo de transporte para escuchar podcasts. Había planeado todo tipo de aventuras para los fines de semana, un hábito que, según me contó, desarrolló cuando sus niños eran pequeños y tenía que cuidarlos sola unos 20 fines de semana al año porque el equipo de su esposo estaba compitiendo. La familia Burman salía a dar paseos en bote con amigos. Iban a la feria del condado y jugaban a atrapar manzanas con la boca. También iban a las catas organizadas en los viñedos. Leah incluso había encontrado tiempo para realizar "trabajo profundo", como les llama el experto en productividad Cal Newport a ciertas sesiones enfocadas. Las sesiones también estaban etiquetadas en su registro de actividades. En resumen, esta mujer ya tenía la conciencia de un experto respecto a sus horarios.

En cuanto al ejercicio y el tiempo en pareja (las actividades que más le preocupaban), las cosas no estaban tan mal. Leah había negociado trabajar desde casa un día a la semana (esto fue en 2019, muchísimo antes de que esta práctica se popularizara en todo el mundo), y ella e Ian almorzaban juntos ese día antes de que él se fuera a sus sesiones vespertinas de entrenamiento. Leah levantaba pesas los sábados y salía a caminar con amigos a media semana. No era mucho en ninguno de los dos casos, pero al menos era *algo*, y cuando uno se da cuenta de eso, la vida puede cambiar de verdad. Tal vez suene dramático, pero en este capítulo voy a argumentarlo. Hay una gran diferencia entre "nunca" y "no tanto como quisiera". El segundo caso ofrece la posibilidad de implementar cambios para aumentar la cantidad de veces que se realiza la actividad y, con el tiempo, puede modificar nuestra actitud general ante la vida.

Por todo lo anterior, cuando vi que Leah buscaba momentos para levantar pesas y pasar tiempo con su esposo, le compartí la **Regla 4 de Un martes más tranquilo: Tres veces a la semana forman un hábito.**

Tratar de hacer algo todos los días, ya sea siete veces a la semana o incluso solo cinco, puede ser complicado. Ciertos hábitos valen la pena, como realizar actividad física por 10 minutos (véase la Regla 3) o cepillarte los dientes. Sin embargo, hay muchas otras cosas que no es necesario hacer todos los días. Para que las actividades cuenten, no tienen por qué suceder diariamente, ni a la misma hora siempre. Insisto en que todo lo que se lleve a cabo tres veces por semana cuenta como algo que se hace de manera regular.

Esta es una excelente noticia porque hacer algo tres veces por semana es bastante factible. A menudo, cuando la gente analiza sus horarios descubre que ya está realizando la actividad una o, incluso, dos veces por semana. Pasar a tres veces exige modificaciones, pero no es necesario hacer un cambio total de estilo de vida. Es decir, ya están sucediendo cosas buenas, lo único que tienes que hacer es sumar. El verdadero éxito consiste en darte tiempo para lo que te importa, y tú ya estás cerca de lograrlo. Cuando uno se acerca al éxito, puede hacer lo necesario para alcanzarlo. Este cambio de mentalidad es tan importante como cualquier cambio de horario, pero es aún más poderoso porque puede ayudarte a modificar de manera total tu relación con el tiempo.

En el caso de Leah, vi que no necesitaba levantarse a las 4 a.m. de lunes a viernes para hacer pesas, podía hacer su rutina los sábados y los domingos por la mañana a una hora mucho más razonable, cuando la tranquilidad aún reinaba en su hogar. También podía levantar pesas en su sótano los días que trabajaba en casa e intercambiar ese tiempo de manera consciente por el que usualmente pasaba en el transporte. Con eso tendría tres ocasiones para ejercitarse y, con ello, cumpliría con las veces necesarias para formar un hábito. Bastaba con que hiciera una ligera modificación para convertirse en el tipo de persona que hace una rutina de fortalecimiento físico con frecuencia.

En cuanto al tiempo con su esposo, vi que los Burman solo necesitaban pensar más allá del sábado por la noche, la cual era complicada por los viajes programados para el equipo deportivo de Ian, y del tiempo entre semana después de las 8:30 p.m. que antes les funcionaba bien. El almuerzo semanal en casa era buena idea. Leah mencionó que, antes, a veces también organizaban una cita romántica en la semana, en algún lugar del vecindario. Después de reflexionar un poco, me dijo que quizá, después de la cena familiar, podrían ir a beber algo si encontraban una noche disponible y, en ese caso, el niño mayor podría quedarse a cargo de sus hermanos. Regresarían una hora después y no se habrían perdido de mucho. También notó que tenían una terraza en su habitación, la cual podría mantenerlos separados de los niños y ofrecerles algo de privacidad si decidieran usarla. Podrían proponerse pasar algunos minutos ahí los fines de semana y eso les daría tres ocasiones semanales para tener una conexión consciente.

Leah decidió poner a prueba estas estrategias. Volvió a contactarme varias semanas después con un nuevo registro que era incluso más impresionante que el primero. Había levantado pesas tres veces por semana como lo planeó. Me dijo que se había programado mentalmente para hacer ejercicio cuando su esposo o alguien más pudiera cuidar a sus niños. Sin embargo, eso no era del todo necesario con los niños mayores y, por lo tanto, tenía que "deshacerse de sus antiguas ideas respecto al tiempo". De hecho, esto es algo que todos deberíamos hacer en este viaje hacia la tranquilidad. Los hijos preadolescentes de Leah dormían tanto los fines de semana por la mañana que habría podido correr un maratón antes de que quisieran levantarse. En esas semanas, ella e Ian almorzaron juntos, salieron a beber algo y sostuvieron largas conversaciones en su terraza. Varias, ¡no solo una! También me dijo: "Me sorprendió gratamente descubrir cuánto tiempo podemos encontrar si nos lo proponemos".

Cuando le di seguimiento a su caso en 2021, me dijo que había mantenido estos hábitos. Durante los confinamientos por covid, ella e Ian empezaron a ordenar cocteles y una tabla de botanas de una empresa local que hacía entregas todos los viernes por la tarde. Los niños se entretenían solos mientras ellos recibían el fin de semana sentados juntos en su terraza. "Me parece asombroso que las modificaciones que hicimos a partir de la renovación de nuestros horarios se hayan mantenido a pesar de la pandemia", me dijo. Y, en efecto, Leah seguía levantando pesas los fines de semana. Programó sus sesiones para cuatro días: los viernes, sábados, domingos y martes; de esta manera, si algo salía mal un día, al menos tendría tres sesiones. En el próximo capítulo retomaremos este concepto. Entre eso y sus caminatas diarias para moverse antes de las 3 p.m., estaba haciendo bastante ejercicio. También dijo: "La regla 'Tres veces a la semana forman un hábito' representó una gran diferencia en mi vida y soportó la prueba del tiempo".

Cómo escapar de la trampa de las 24 horas

Todos tenemos actividades a las que nos agradaría dedicarles más tiempo: pasatiempos, prácticas espirituales, tocar algún instrumento musical, manualidades o comidas familiares. Aunque sabemos que estas actividades alimentan nuestro espíritu, muchos suelen desanimarse a la hora de programarlas porque tienen demasiado que hacer. Por eso terminamos haciéndolas solo una o dos veces por semana a pesar de que nos gustaría practicarlas con más frecuencia.

Por desgracia, una o dos veces por semana nos puede parecer demasiado poco porque, por defecto, vemos la vida en días. Si haces algo una vez a la semana, entonces no lo hiciste seis, por eso casi todas las noches te vas a la cama sintiendo que no lograste tus objetivos, porque cuando descuentas lo que sí hiciste, es fácil sentirte derrotado.

Sin embargo, no tenemos por qué caer en la trampa de las 24 horas. Al establecer la mentalidad de "Tres veces a la semana forman un hábito" empezamos a considerar el tiempo de un modo más integral y vemos nuestra vida con mayor compasión. Nos damos crédito por lo que hacemos y buscamos maneras sencillas de aumentar las ocasiones sin la presión de hacer las cosas todos los días. Esta regla nos ofrece un objetivo factible para desarrollar la identidad que deseamos.

Tal vez deseas comer de manera regular con tu familia, por ejemplo, pero debido a las actividades de los niños y a los horarios de trabajo de los padres, nadie puede servir una cacerola de estofado humeante estilo Norman Rockwell todos los días a las 6 p.m. Luego, sin embargo, observas tu vida algún tiempo y te das cuenta de que, en general, tu familia cena junta los domingos. Ya tienes un sello en tu tarjeta. Ahora lo único que necesitas es encontrar más horarios para organizar otras comidas en la semana y, quizá, ¿establecer una nueva tradición y desayunar juntos los martes y cenar pizza los viernes? Y así, de pronto se convertirán en una familia que come y se mantiene unida.

O tal vez te has imaginado leyendo en voz alta capítulos enteros de libros con tus pequeños, pero la hora de irse a dormir suele ser caótica, o trabajas hasta tarde o debes viajar temprano en la semana. Pero quizá un día notas que las noches del jueves y el

Regla 4. Tres veces a la semana forman un hábito

viernes normalmente están disponibles, y descubrir eso te motiva a buscar más espacios para una actividad de lectura. Tal vez podrían leer un capítulo los sábados por la mañana mientras desayunan, y de pronto ya estarán leyendo tres capítulos a la semana y un libro al mes. Entonces serás una persona que lee libros extensos con sus hijos. Puedes adoptar esta identidad que tanto anhelas a pesar de todas las otras actividades en tu vida.

Si quieres hacerte tiempo para algo que te importa, deja de buscar la hora perfecta todos los días. Muy poca gente hace algo siempre a la misma hora, incluso los que afirman tener rutinas "diarias" no pueden mantenerlas. Para empezar, su rutina "diaria" solo la llevan a cabo de lunes a viernes, o sea, cinco días de siete. Luego, si prestas más atención, te das cuenta de que, a menudo, los viernes no entran en la categoría de "rutina", y eso te deja con solo cuatro días. Si la persona se salta las vacaciones, los días festivos o los que se enferma, a largo plazo es probable que la actividad se lleve a cabo más bien tres días a la semana, no siete. Me parece interesante que la gente que suele hacer cosas los lunes, martes, miércoles y jueves considere que se trata de un hábito "diario", en tanto que quienes las hacen los viernes, los sábados y los domingos no lo vean así. No estoy segura de dónde viene esta idea de que los días entre semana cuentan, pero los del fin de semana no. En esencia, ninguna combinación de días es más virtuosa que otra.

De cualquier manera, la perfección no tiene por qué estar peleada con lo bueno, y esta es la razón más obvia por la que enseño esta regla.

El concepto más profundo es igual de importante. La trampa de las 24 horas es culpable de muchas de las narrativas sobre las malas decisiones que limitan la vida de la gente. Pensar que "tres veces a la semana forma un hábito" y recordar que la semana tiene 168 horas con las que puedes jugar te permite cambiar la mentalidad de escasez y transformarla en una mentalidad de abundancia.

Un martes más tranquilo

Si una semana tiene 168 horas, por ejemplo, puedes ver de inmediato que un empleo de "tiempo completo" no toma todo tu tiempo. Si trabajas 40 horas por semana y duermes ocho cada noche, es decir, 56 a la semana, entonces te quedan 72 para otras actividades. Esto es casi el doble de lo que trabajas. Quienes defienden la noción de que el trabajo de tiempo completo no permite convivir con la familia, hacerse cargo de la salud física o involucrarse con la comunidad, ahora deben explicar por qué es imposible encontrar tiempo, en 72 horas, para tener aventuras familiares, encontrar huecos de 30 minutos para ejercitarse y hacer trabajo voluntario entre dos y tres horas. Si analizaras los registros de actividades de la gente, te aseguro que encontrarías tiempo para todo esto en 62 horas si trabajas 50, o incluso en 52 horas por semana si trabajas 60, que es el promedio máximo sostenible que muestran los registros de quienes tienen empleos muy intensos.

Con la mentalidad de las 168 horas, los fines de semana dejan de ser un tiempo que apenas reparamos, y se vuelven un importante trozo de la semana. Yo registro mi tiempo en tablas de Excel que empiezan los lunes a las 5 a.m. Si la semana comienza en ese momento, la mitad llega a las 5 p.m. del *jueves*. Y aunque el jueves en la tarde podría sentirse como el *fin* de la semana, después de ese punto medio hay tanto tiempo como antes. También comprendo que en esta segunda parte pasamos más tiempo durmiendo que en la primera, pero si haces un cálculo mental, el punto medio para las horas que pasamos despiertos resulta ser temprano por la tarde del jueves. Es decir, un momento bastante alejado del miércoles, el día que mucha gente considera la mitad de la semana.

Naturalmente, una semana no representa una cantidad infinita de tiempo, pero es bastante. Si recordamos que con hacer las cosas tres veces por semana formamos un hábito, podemos abordar las 168 con una noción de posibilidad. Si deseamos añadir una actividad significativa a nuestra vida, es probable que el tiempo necesario se encuentre ahí. Al igual que Leah, podría sorprendernos cuánto tiempo es posible "desenterrar", solo necesitamos modificar un poco nuestros horarios para lograr que las cosas sucedan.

Perspectivas de los participantes: ideas para la implementación

Después de implementar la Regla 4 les pedí a los participantes de Un martes más tranquilo que hicieran una lluvia de ideas para sugerir actividades que les agradaría hacer con más frecuencia. Luego les pedí que eligieran una específica en la que les gustaría enfocarse durante el proyecto. Lo ideal era que se tratara de algo que hacían de forma ocasional, pero que deseaban hacer con más frecuencia.

La gente propuso muchas ideas y, aunque la respuesta más frecuente fue "leer", en general se referían a la lectura de un tipo específico de textos, como libros de desarrollo profesional o religiosos. Varias personas querían escribir o llevar un diario, otras querían hacer manualidades. Al igual que Leah, cierta cantidad de gente que ya caminaba 10 minutos al día gracias a la Regla 3 también deseaba realizar sesiones formales de entrenamiento. Muchos querían pasar tiempo con su pareja o con sus niños de manera individual, otros mencionaron su interés en cocinar para la familia, aprender nuevos idiomas o tocar un instrumento. Una persona quería investigar la enfermedad de uno de sus niños, otra quería hacer tres sesiones semanales para abordar proyectos más importantes de reparación de su casa.

La mayoría de la gente, 57 por ciento, había realizado la actividad elegida por lo menos una vez la semana previa, en tanto que 23 por ciento la había hecho en las últimas semanas. Es decir, casi todos realizaban la actividad deseada de forma ocasional, pero no tanto como deseaban.

Les pedí a los participantes que pensaran en la semana por venir y en qué momento podrían realizar la actividad elegida; les dije que propusieran por lo menos tres momentos, que imaginaran qué obstáculos podrían presentarse en esas ocasiones y que me dijeran cómo podrían enfrentarlos.

Este ejercicio instó a la gente a repensar sus horarios a través de una logística. Por ejemplo, alguien que quería estudiar la Biblia decidió "dejar un recordatorio en mi oficina para no olvidar que los lunes, martes y viernes estudiaría a la 1:30 p.m.". Alguien más que quería practicar piano mencionó que podría hacerlo cuando no hubiera nadie más viendo televisión en la misma sala, y en este caso, por cierto, le dije a la persona que ¡también podría recomendarles a los miembros de su familia que vieran menos televisión!

Los participantes añadieron actividades a sus listas de pendientes en los días elegidos o marcaron tres campos en la página de su planificador semanal. Una persona que deseaba hacerse el hábito de practicar yoga se comprometió a "descargar con anticipación los videos que quiero hacer y programar un recordatorio en mi teléfono para una hora específica". Algunos que ya hacían ejercicio antes de las 3 p.m. durante un descanso del trabajo decidieron usar otro descanso para realizar la actividad elegida. Otros escogieron tres mañanas por semana para hacer ejercicio, algunos más que tenían intensos horarios de trabajo identificaron espacios el viernes, el sábado y el domingo.

Perspectivas de los participantes: identificación de los obstáculos

La gente identificó bastantes obstáculos para realizar la actividad que eligió tres veces por semana. Claro, se trataba de los culpables de costumbre, como las crisis en la oficina. Una persona se lamentó porque esa semana en particular: "Salí tarde todos los días. Parece que no puedo planear nada para el final de la jornada laboral". Y luego, como un participante artista señaló, también es más fácil deslizar la pantalla de Twitter que hacer algo creativo.

Regla 4. Tres veces a la semana forman un hábito

Algunos impedimentos eran de orden práctico. Si quieres pintar tres veces por semana, necesitas acceso a tu material, y no vas a practicar batería mientras tu bebé duerme, a menos de que tengas un set de batería electrónica con el que puedas usar audífonos. La gente que quería pasar tiempo con su pareja necesitaba que esta estuviera disponible, lo cual añadía otra capa de complejidad al horario. Quienes deseaban hacer algo que exigía que su pareja o alguien más cuidara a sus niños, e incluso quienes tenían hijos adolescentes, señalaron: "Parece difícil alejarse un momento y encontrar un lugar tranquilo si el resto de la familia está en casa".

Algunas personas solo se olvidaron de la actividad porque la vida es complicada y, una semana después, recibiste otro correo electrónico de Laura Vanderkam y recordaste que no pudiste hacer nada respecto a tu proyecto de ebanistería.

En general, estas dificultades prácticas podían solucionarse con un poco de planeación. La gente empezó a dejar cerca su material para bordar con el fin de tenerlo a la mano, o a guardar las mancuernas para ejercitarse en su oficina en casa. Muchos analizaron sus horarios del gimnasio y encontraron clases en horas más convenientes.

Lo que más me intrigó fue que, en el caso de algunas personas, esta regla hizo surgir dificultades más profundas. Dos en particular fueron las más comunes:

1. Evasión

    Algunas personas que se aferraban a la idea de que las cosas se tenían que hacer todos los días comprendieron que les costaba trabajo lidiar con el perfeccionismo o el síndrome del impostor. "¡Ha pasado tanto tiempo que resulta vergonzoso!", dijo alguien refiriéndose a su esfuerzo por llevar a cabo una actividad creativa.

A veces, parece más seguro quedarse con el "nunca". Es decir, si no puedes hacer algo a la misma hora todos los días porque lo más probable es que seas una persona con un empleo de tiempo completo y responsabilidades familiares, entonces no puedes hacerlo para nada y, lo más importante, *no es tu culpa no poder*. Por lo tanto, no necesitas correr el riesgo que implica hacer algo distinto. En lugar de pintar cuadros imperfectos durante tus tres sesiones semanales de actividad creativa, puedes lamentarte de los cuadros perfectos que guardas en tu mente, pero no tienes tiempo de pintar.

2. Culpa

Luego apareció el problema del "No merezco divertirme". A algunas personas les cuesta trabajo lidiar con la idea de elegir de forma activa hacer algo que no tenga que ver con su trabajo inmediato o las preocupaciones familiares. Esta dificultad resurgió debido a una de las reglas que veremos más adelante, "Tómate una noche", y explica por qué una buena cantidad de los participantes de Un martes más tranquilo eligió "lavar ropa" como su actividad para realizar tres veces por semana y convertir en hábito.

Esta inquietud surgió con mucha frecuencia. Una mujer escribió: "Siento que mientras todavía estoy 'en mi turno' —si aún podía estar trabajando o haciéndose cargo de responsabilidades familiares— no tengo derecho a hacer este tipo de actividades, la escritura creativa", explicó. "Siento que no merezco dedicarle tiempo a un proyecto menor que es solo para mi placer personal y no para generar dinero", añadió. Algunos participantes dijeron que se sentían obligados a aprovechar las horas en que les cuidaban a los niños para atender tareas del trabajo o necesidades

Regla 4. Tres veces a la semana forman un hábito

esenciales, en lugar de sus intereses personales, y muchos de ellos mencionaron que sus parejas eran quienes solían cuidar a sus hijos. En otras palabras, está bien pedirle a tu pareja que te cubra una hora para que puedas ir a comprar algo a la tienda de computación, pero no para practicar la flauta el fin de semana. Esta creencia se traducía en la noción de que el tiempo disponible para los intereses personales era tiempo con los niños, a menos de que estuvieran durmiendo, lo cual limitaba las opciones.

En algunos casos se necesitó una intensa labor de convencimiento para que la gente aceptara que esta idea le impedía avanzar, por eso creo que la regla podría instar a muchos a analizar su situación actual.

Si tú tienes estas ideas, podría decirte que la naturaleza práctica de esta regla tal vez te ayude a cambiar de perspectiva.

Si te sientes culpable por "desperdiciar tiempo" en una actividad que te hace sentir pleno o plena, y, en particular, en algo que al principio no harás bien porque eres principiante, piensa que solo vas a "desperdiciar tiempo" durante tres sesiones breves por semana. Eso es todo. Tres sesiones de 20 minutos equivalen a solo una de las 168 horas. Nunca he conocido a alguien que no desperdicie por lo menos una hora cada siete días.

Por otro lado, si te sientes culpable de *no* practicar más tiempo tu actividad elegida, la idea de que "tres veces a la semana forman un hábito" puede resultarte liberadora. Si elegiste tres momentos específicos para hacer lo que te gusta, ya estás manteniendo tu hábito y, al mismo tiempo, liberándote mentalmente el resto de las horas. Así, si el sábado por la tarde, en lugar de sacar tu material de pintura, ves televisión un rato, no te sentirás mal, ya que no es el momento en que programaste tu actividad. De pronto, verás que puedes tener algo de inactividad sin sentirte culpable.

Los resultados

La mayoría de la gente logró sobrellevar los impedimentos. Tras una semana, 62 por ciento de las personas indicó en la encuesta que había pasado más tiempo haciendo su actividad elegida. La media reportó un tiempo adicional de 60 minutos. Tal vez no te parezca mucho, pero para la gente sumamente ocupada que se siente obligada a usar cada minuto para hacer algo relacionado con el trabajo o el hogar, el hecho de encontrar una hora adicional para practicar piano, levantar pesas o leer un libro de desarrollo profesional puede cambiarle la vida. A muchos les sorprendió lo factible que se volvió de repente cumplir sus anhelos:

- "Si establezco el objetivo de hacer manualidades o tejer tres veces por semana, no me olvidaré de hacerlo".
- "Creo en la importancia de reservar algo de tiempo todos los días para rezar, pero no siempre puedo hacerlo de manera consistente. Ahora que lo convertí en mi prioridad y lo incluí tres veces por semana en mi calendario, pude cumplir mi propósito".

A medida que la gente se repitió "tres veces a la semana forman un hábito", fue notando importantes beneficios.

En primer lugar, varios vieron que este pequeño cambio modificaba sus narrativas respecto al tiempo, es decir, las historias que todos nos contamos para explicarnos adónde se va y lo que la gente como nosotros debería estar haciendo. "Identifiqué momentos en que podía incluir [mi actividad elegida] en lugar de dar por sentado que no tenía tiempo", escribió alguien. Otra persona notó que

Regla 4. Tres veces a la semana forman un hábito

esta regla la había "concientizado respecto a la autonomía que tenía sobre sus propios horarios".

Muchos se enamoraron de este poder recién encontrado y se lanzaron de lleno. Aunque la media de tiempo adicional invertido en una actividad elegida fue de 60 minutos, el alcance se disparó hasta 15 horas. Muchos iniciaron o reiniciaron proyectos de todo tipo. Por ejemplo, la mujer que escribió que se sentía culpable de practicar la escritura creativa mientras todavía estaba "en su turno" comprendió que era factible hacerlo tres veces a la semana porque, de todas formas, siempre estaba escribiendo un poco. Además, tres veces resultaba una excelente frecuencia para escribir en un blog.

"Decidí que escribir podría ser mi hábito, que *era* escritora. Era toda la validación que me hacía falta. Mi objetivo era poner mi sitio de internet en funcionamiento antes de cumplir 34 años, es decir, hoy. Y lo logré. Estoy muy agradecida de haber tenido por fin valor, y de haberme dado permiso de hacer de este sueño mi prioridad".

Esta mujer no fue la única que se descubrió como una prolífica nueva escritora. Alguien más que empezó a escribir tres veces por semana comprendió que dedicar de forma regular bloques de tiempo para el trabajo creativo te estimula y te ayuda a tener más ideas: "De pronto me sorprendí pensando en lo que iba a escribir cuando me sentara a trabajar. Los engranes comenzaron a girar de nuevo en mi cerebro".

Como la gente eligió actividades disfrutables (al menos quienes no escogieron tareas del hogar), no resulta sorprendente que el segundo mayor beneficio que muchos notaron haya sido una gran diversión. Alguien que se comprometió a realizar un trabajo periodístico tres veces por semana, escribió: "Ansiaba que llegara el momento que había reservado para esta actividad, y me divertía mucho. Ahora tengo un resultado tangible que puedo apreciar y, además, fue muy relajante".

Más allá del simple placer de realizar con más frecuencia actividades elegidas, a la gente le agradó que la regla se enfocara en hacer que el éxito fuera posible. El tres es un número muy específico y útil para quienes antes solo deseaban practicar su actividad "un poco más". También es factible para cualquiera con una vida ocupada. Muchos participantes confesaron que, antes del proyecto, la noción de "o todo o nada" les había robado el placer de su actividad elegida.

Alguien escribió: "Sentí que por fin estaba eligiendo hacer lo que me hacía sentir vivo, en lugar de nada más lamentarme por no hacerlo".

Esta noción, la idea de que está bien hacer aunque sea un poco de algo, o de hacerlo de forma aceptable en lugar de "a la perfección", sirvió por sí sola para transformar la desilusión en satisfacción en el caso de quienes deseaban deshacerse de la sensación de culpa:

- "En enero terminé un entrenamiento de 30 días de yoga y, de hecho, hice yoga todos los días. En febrero continué practicando, pero no logré hacerlo todos los días, lo cual me hizo sentir que había 'fallado' de cierta manera. Establecer el objetivo de tres o cuatro veces por semana le dio un giro a mi idea de lo que era tener éxito".
- "Tener el objetivo de cocinar tres veces por semana, y lograrlo, me hizo sentirme orgullosa. En especial porque fue una semana de trabajo intenso. Si no me hubiera propuesto hacerlo, me habría sentido mal por 'no cocinar nunca' y depender de mi esposo y de la comida para llevar. Sirvió para quitarme la culpa".

Deshacerse de la sensación de culpa no es poca cosa. Mucha gente dijo que, como no estaba tratando de hacer su actividad todos los días, "la presión se acabó". Alguien en especial aclaró: "De hecho, hice la actividad con más frecuencia". Algunos terminaron practicando su actividad siete días consecutivos en la cuarta semana del proyecto Un martes más tranquilo, y disfrutaron porque sintieron que era una especie de bono, en lugar de un requerimiento mínimo. "Ahora sé que, si el trabajo se vuelve a disparar en la semana, puedo relajarme y confiar en que tres veces es suficiente", escribió alguien más.

El éxito es posible, incluso si se tiene una vida complicada

La base de la tranquilidad es sentirse sereno, pero esto es difícil cuando te parece que estás fracasando *justo* en algo que se supone que te ayudará a sentirte tranquilo, como practicar yoga. Cuando notas que estás haciendo las cosas que te importan, y que las haces con suficiente frecuencia para añadirles valor, te sientes satisfecho con tus horarios o tu agenda. Este feliz cambio de mentalidad es, posiblemente, la razón por la que muchos de los participantes desearon continuar aplicando esta regla: 5.99 en mi escala de 7 puntos.

Si no pudieras aprovechar más que una sola idea de este libro, me gustaría que recordaras esto: el éxito es posible, incluso en el marco de una vida compleja y en ocasiones caótica. Para transformarte en la persona que deseas ser, no necesitas esperar a que llegue un momento más organizado en el futuro, créeme que cambiar de perspectiva y enfocarte en hacer lo que te sea posible te permitirá ser esa persona *ahora*.

Al menos, esa fue la lección que aprendieron algunos de los participantes de Un martes más tranquilo.

Una mujer escribió: "Soy mamá de un niño de cuatro años, y una de mis mayores luchas es contra la insatisfacción que me produce no hacer con regularidad las actividades que me interesan". Esta participante fue madre en un momento un poco tardío de su vida y, de acuerdo con su testimonio, su experiencia "ha sido maravillosa en muchos sentidos, pero también provocó un profundo cambio de identidad porque me hace sentir que tengo menos control de mi tiempo".

Creo que todos los padres pueden identificarse con esta situación y, al mismo tiempo, sentirse reconfortados al reconocer que "la sencilla idea de que hacer algo tres veces por semana lo convierte en hábito me ha hecho recordar que, sí, ¡sigo siendo una persona que lee! ¡Que hace ejercicio! ¡Que cocina en casa! ¡Que pasa tiempo de calidad con su esposo!". Tal vez esta participante no hace ciertas cosas tanto como solía, ni de una manera tan espontánea a como estaba acostumbrada cuando tenía menos responsabilidades, "pero si encuentro tres momentos en la semana para hacer algo, entonces se vuelve un hábito, un pasatiempo o PARTE DE MI IDENTIDAD".

Me encanta ver respuestas en mayúsculas en los cuestionarios porque es un buen indicador de que una regla le cambió la vida a alguien y de que, como en el caso de esta participante, bastó con una modificación menor.

Supongo que tú también andas por ahí contándote narrativas distorsionadas sobre la frecuencia con la que deberían suceder las cosas o sobre lo que te es posible hacer. La regla "Tres veces a la semana forman un hábito" puede ayudarte a deshacerte de ellas. ¿Cómo te describirías? "Soy el tipo de persona que...". Sea como sea, ¿podrías hacer algo tres veces por semana? Quizá no, pero la respuesta suele ser "sí", y como nuestro objetivo es organizar nuestra vida de tal suerte que tengamos espacio para lo que nos importa, ese "sí" basta.

Da el siguiente paso: diseña tu semana ideal

Para averiguar cuándo harás algo tres veces por semana, necesitas tener claridad en cuanto a tu horario o tu agenda. La mejor manera de hacerlo es monitoreando tu tiempo.

A lo largo de los años, miles de personas han participado en mis desafíos de monitoreo del tiempo. Es un proceso esclarecedor. Si

Regla 4. Tres veces a la semana forman un hábito

nunca has registrado lo que haces con tus horas, abre una hoja de cálculo, consigue un cuaderno o descarga una aplicación y pon a prueba este sistema. Escribe lo que estás haciendo, hazlo siempre que te acuerdes y con el mayor detalle posible para que sea útil. El objetivo es hacerlo las 168 horas completas. Estoy segura de que aprenderás mucho sobre tu vida, aprenderás sobre tus valores y sobre la manera en que tus decisiones afectan el ritmo de tu cotidianidad. Incluso el mero hecho de tratar de reconstruir lo que has hecho con tu tiempo te resultará revelador. Una persona, por ejemplo, escribió: "Durante esos espacios de media hora que no recuerdo en absoluto, ¿me secuestraron los extraterrestres?".

Una vez que hayas registrado lo que haces, ¿cuál será el siguiente paso?

Mi amigo Matt Altmix, coanfitrión de Joel Larsgaard en el podcast *How to Money*, registró sus actividades durante más de un año. Era un proceso que ya conocía porque lleva varios años monitoreando sus gastos. Entonces se dio cuenta de que había una similitud adicional con el dinero. "Monitorear el gasto es un paso importante, pero no es lo mismo que diseñar un presupuesto", me dijo. Uno no solo quiere saber adónde se fue su dinero, sino, idealmente, averiguar adónde debería llegar en el futuro, tomando en cuenta las obligaciones y lo que se desea conseguir. "Es lo mismo que necesitaba hacer con mi tiempo", explica.

Por eso Matt decidió hacer un "presupuesto de tiempo" al que llamó "La semana perfecta de Matt". Tomando en cuenta sus obligaciones profesionales y familiares, ¿cómo luciría su semana ideal?

Mi amigo consiguió un calendario en blanco y dedujo cuáles serían sus categorías principales. Luego analizó dónde podría colocar todo lo que quería hacer. Incluyó tiempo para hacer ejercicio. Imaginó que las tardes con sus cuatro hijos serían más sencillas y agradables si terminara de trabajar a las 4:30 p.m. en lugar de a las 5 p.m. o las 5:30 p.m., y eso lo motivó a buscar maneras de ser más

Un martes más tranquilo

eficiente. Incluyó espacios para que él y Kate, su esposa, pudieran alternar y pasar tiempo de manera individual con sus niños. Vio que, una vez que los niños se fueran a acostar, y él y Kate hicieran sus tareas y hablaran sobre lo que había pasado durante el día, le quedaban dos horas completas para hacer lo que deseara.

Notar esta valiosa franja de tiempo lo motivó a no desperdiciarlo, y por eso instituyó el "martes social", un día en el que, si Kate lo cubría, él podría visitar a alguien en su terraza o recibir a alguien en casa. Se dio cuenta de que podía ver una película de dos horas y de todas formas irse a dormir temprano, algo que, antes de hacer su "presupuesto de tiempo", le habría parecido irresponsable.

No todas las semanas son ideales. Vaya, ninguna semana sale tal como él la ha planeado, pero conocer a fondo su "semana perfecta" aumenta las probabilidades de transformar su ideal en realidad.

Pienso que tú descubrirás lo mismo, así que, después de registrar tus actividades, trata de diseñar tu propia semana ideal, pero mantén una actitud realista. Tu semana deberá permitirte cumplir con tus responsabilidades y también darte la oportunidad de lucirte. Busca un calendario en blanco, yo te sugiero una hoja de cálculo que incluya las 168 horas de la semana. Diseña la semana como te gustaría que se viera y pregúntate lo siguiente:

1. ¿A qué hora te gustaría despertarte la mayoría de los días?
2. ¿Qué harías en las mañanas?
3. ¿A qué hora trabajarías?
4. ¿Cómo te gustaría que lucieran tus días laborales?
5. ¿Cómo serían tus noches entre semana?
6. ¿Qué harías durante un fin de semana realista pero ideal?

En efecto, tus tiempos variarán mucho, pero aun así puedes diseñar una plantilla general. En un buen fin de semana, por ejemplo, hago

Regla 4. Tres veces a la semana forman un hábito

por lo menos una carrera larga en algún lugar con vista espectacular, planeo una aventura familiar que tome medio día, canto los domingos por la mañana con mi coro y disfruto de un poco de diversión para adultos.

Cuando la vida nos frustra, solemos pensar que necesitamos realizar modificaciones sustanciales, por eso, lo que me agrada de diseñar una semana ideal es que el proceso nos muestra que los pequeños cambios pueden causar un gran impacto.

Es posible que a lo largo de los años hayas notado que eres muy productivo ya tarde, antes de que anochezca. Pero como también valoras cenar con tu familia, has dado por hecho que tienes que sacrificar este tiempo en el que sueles alcanzar un flujo de trabajo constante y profundo. Ahora, como decidiste diseñar tu semana ideal, defines tus horas de trabajo más productivas y la hora de la cena, y luego te das cuenta de que tal vez es factible que *alguien más* cocine tres veces por semana. Y si no se puede, tal vez podrías retrasar la hora de la cena un poco. Ahora puedes controlar mejor tus horas productivas y disfrutar de un buen rato con tu familia. O quizá notes que, si te levantas media hora antes, dos veces entre semana, y si aprovechas algunos descansos para el almuerzo, tendrás tiempo para hacer ejercicio y para practicar la escritura creativa varias veces por semana. Recuerda que no tienes por qué contraponer tus actividades.

La vida no siempre es como quisiéramos, por eso, en el siguiente capítulo hablaremos de cómo diseñar un horario resiliente. Un horario ideal también deberá mutar a medida que la vida cambie, pero si sabes cuál es tu ideal, al menos por el momento, puedes tomar decisiones basándote en él. Conforme la utilización de tu tiempo se acerque a tu horario ideal, serás más feliz. Es una experiencia muy grata que puedes vivir la mayor cantidad posible de veces por semana.

Es tu turno:
tres veces a la semana forman un hábito

Preguntas de planeamiento:

1. Haz una lista de las actividades que te gustaría hacer más.
2. Elige una actividad específica. La siguiente semana te enfocarás en ella.
3. ¿Cuándo fue la última vez que hiciste esta actividad?
4. Si anticipas un poco la semana próxima, ¿en qué momento podrías realizar la actividad? Elige por lo menos tres opciones.
5. ¿Qué obstáculos podrían impedirte realizar tu actividad tres veces por semana?
6. ¿Cómo podrías lidiar con ellos?

Preguntas de implementación:

1. ¿En qué actividad elegiste enfocarte tres veces esta semana?
2. ¿Pasaste más tiempo haciéndola esta semana que las anteriores?
3. De ser así, ¿cuánto tiempo más la realizaste?
4. ¿Cuál fue el impacto de enfocarte en esta actividad tres veces?
5. Si se presentaron impedimentos, ¿cuáles fueron y cómo afectaron tu capacidad de hacer la actividad tres veces por semana?
6. ¿Cómo lidiaste con ellos?
7. ¿Fue necesario modificar la regla para que te funcionara? ¿Cómo lo hiciste?
8. ¿Qué tan probable es que sigas aplicando esta regla en tu vida?

REGLA 5
Reserva un espacio de respaldo

Cualquiera puede diseñar un horario perfecto, pero los grandes maestros de la administración del tiempo diseñan horarios resilientes.

Muchas profesiones presentan obstáculos. Los contadores y los abogados trabajan con el objetivo de llegar a ser socios de sus despachos y bufetes. Los profesores buscan una titularidad o plaza fija que, aunque es indicador de que su puesto es permanente, es considerada más bien una señal del éxito académico. Por lo general, para merecer esta distinción es necesario que realicen una cantidad específica de investigación, y luego que sus resultados aparezcan en publicaciones académicas avaladas por otros académicos.

Hace algunos años, cuando Elizabeth Morphis, profesora del departamento de educación del SUNY, en Old Westbury, estaba a punto de obtener su titularidad, me contactó y solicitó mis consejos para administrar su tiempo. Necesitaba encontrar un espacio para escribir los resultados de su investigación y entregar sus artículos para que fueran publicados. Todo esto tenía que hacerlo a pesar de que tenía otras ocupaciones en su vida.

Por supuesto, pensar que era factible resultaba más fácil que *volverlo* factible. Debido a su trabajo, Elizabeth, su esposo y sus dos niñas más chicas se acababan de mudar a la ribera norte de Long Island. Esto le convenía a ella, pero obligaba a su esposo a transportarse durante más de una hora para ir a la Ciudad de Nueva York a trabajar. Como ella era quien estaba físicamente en Long

Island, Elizabeth terminó siendo quien se encargaba de las niñas si cualquier cosa llegaba a suceder entre semana: si se enfermaban o si las niñeras le cancelaban. Las responsabilidades laborales de Elizabeth como profesora de educación incluían supervisar a decenas de maestros sin experiencia mientras practicaban sus habilidades en el salón de clases. Sobra decir que también en esa área había muchas cosas que podían salir mal.

Debido a lo anterior, en su bitácora se veía que se daba tiempo para satisfacer las necesidades de los demás en todo sentido. Era una actitud noble y generosa, pero no le ayudaba a terminar su investigación ni a redactarla.

Le pedí que analizara su horario y que me propusiera algunos bloques de tiempo en los que se pudiera dedicar a estos objetivos. Como ya le había hablado de la regla "Tres veces a la semana forman un hábito", encontró tres espacios más allá de sus horas base de trabajo. En ellos podría realizar estas actividades adicionales sin fallar: 6 a.m. a 7:30 a.m. los lunes y los viernes, antes de que su esposo saliera de casa para tomar el tren, y entre 5:45 p.m. y 6:45 p.m. los miércoles por la noche, mientras alguien cuidaba a sus hijas para que ella diera su clase nocturna.

En una semana perfecta, este horario habría funcionado sin problemas, pero no era necesario ser académico para saber que esos tres espacios podrían esfumarse en cualquier momento. ¿Qué pasaría si se quedara dormida? ¿O qué sucedería si, ocasionalmente, su esposo tuviera que salir temprano para ir a trabajar? ¿Qué pasaría si la niñera llegara tarde o si algún estudiante le pidiera reunirse con ella antes de clase? En muy poco tiempo, solo le quedarían una o dos horas por semana, las cuales no serían suficientes para dedicarle a una prioridad profesional de alto nivel.

Así pues, volvimos a analizar su horario y encontramos otros bloques más extensos. Como Elizabeth se estaba haciendo cargo de buena parte del cuidado de sus hijas entre semana, después

Regla 5. Reserva un espacio de respaldo

de clases, decidimos que podría tomarse un día. Los jueves por la tarde no daba clases, así que, si se ponía de acuerdo para que la niñera recogiera a sus hijas de la escuela, ella podría dedicarle entre cuatro y cinco horas a su investigación y la redacción después del almuerzo. Su esposo era un valioso recurso que estaba desperdiciando. Dado que ella se hacía cargo de las niñas la mayor parte de la semana, sabía que él estaría dispuesto a hacer más los fines de semana. Hablaron y acordaron que el sábado por la tarde podría ser tiempo con papá para las niñas. Elizabeth trabajaría en sus proyectos de 12 p.m. a 4 p.m. aproximadamente.

Eso ya parecía bastante tiempo, pero luego hicimos una última modificación: si por alguna razón las cosas no salían bien el sábado, trabajaría ese mismo tiempo el domingo.

Ahora que tenía dos sesiones largas por semana y un espacio oficial de respaldo, era más probable que, sin importar lo que se presentara, tuviera por lo menos un periodo de cuatro horas consecutivas de trabajo concentrado para enfocarse en la labor que le permitiría obtener su titularidad.

Elizabeth estuvo de acuerdo en poner a prueba este horario. Naturalmente, el jueves de la primera semana se enfermó la niñera, y la labor para la titularidad se fragmentó.

En buena parte de los libros sobre el trabajo y la vida, este sería el momento en que nos lamentaríamos de la imposibilidad de tenerlo todo. Sin embargo, Elizabeth no tuvo que hacerlo porque los espacios del fin de semana seguían disponibles. La primera semana pudo trabajar varias horas en sus proyectos, y la segunda trabajó tanto el jueves como el fin de semana, y eso le permitió avanzar aún más.

A medida que se sintió más segura de que contaría por lo menos con un periodo extendido para escribir cada semana, algo gracioso fue sucediendo. Con el objetivo de eliminar su ansiedad y asignar su tiempo de manera eficaz, empezó a planear tareas específicas de investigación y escritura para cada semana. Por ejemplo, cuando un colega le ofreció leer el documento en el que estaba trabajando para revisarlo y devolvérselo con comentarios, ella aceptó de inmediato. Le envió lo que hizo en su sesión del jueves y recibió la retroalimentación a tiempo para incorporar los cambios en la sesión del fin de semana.

Gracias a estos periodos extendidos y a los espacios de respaldo incorporados, el ritmo de envío del artículo se aceleró de inmediato. Luego, por supuesto, llegó el covid y complicó de varias maneras la docencia y los procedimientos para enseñar a distancia porque la gente ya no podía reunirse. No obstante, en 2021, cuando volví a ponerme en contacto con Elizabeth y la situación estaba retomando su curso, me dijo que continuó aplicando la estrategia de los espacios de respaldo para asegurarse de seguir avanzando a pesar de estar en una situación en la que me parece que 99 por ciento de la gente solo habría dicho: "De acuerdo, vida, *tú ganas*".

En algún momento de marzo de 2021 encontró una convocatoria para la publicación de artículos en una revista académica, y la fecha límite era a finales de marzo. Tenía toda la información para el proyecto que deseaba publicar, así que hizo un plan para terminar el artículo el fin de semana anterior al viernes de la fecha límite de entrega. "Había planeado trabajar todo el sábado ese fin de semana, tenía la esperanza de terminar a tiempo y que solo me quedaran por hacer algunas correcciones menores la semana siguiente", me explicó. Como medida preventiva, decidió planear algunos espacios de respaldo para esa semana. "Solo en caso de que durante el fin de semana no terminara todo lo que me faltaba".

La noche del viernes llegó y su esposo se sintió enfermo. Al principio parecía algo común, pero la situación fue empeorando. Más tarde lo llevó a urgencias y resultó que tenía una severa intoxicación alimentaria. Los médicos le dijeron que volviera por él a las 3 a.m., pero no lo dieron de alta sino hasta el mediodía del sábado. Esto significó que Elizabeth no pudo trabajar en su artículo el sábado porque

Regla 5. Reserva un espacio de respaldo

fue al hospital y volvió varias veces a casa, ni el domingo porque tuvo que ayudar a su esposo a recuperarse.

Que tu esposo esté hospitalizado es una razón válida para no cumplir con una fecha límite. Elizabeth estaba consciente de que más adelante se publicarían otras convocatorias, pero también sabía que contaba con todos los espacios de respaldo que había programado. Una vez que estuvo segura de que su esposo estaría bien, se dio cuenta de que no debía dar por hecho que no terminaría antes de la fecha límite. "Gracias a que programé todos los espacios de respaldo para la siguiente semana, me sorprendió notar que me sentía bastante tranquila", explica. En el estado de calma en que se encontraba, redactó una lista de lo que le faltaba por hacer. El lunes, mientras sus niñas estaban en la escuela, usó su periodo de respaldo. Terminó el artículo en el espacio del jueves y lo envió un día antes de lo previsto.

Este es el poder de la **Regla 5 de Un martes más tranquilo: Reserva un espacio de respaldo.** Tú, al igual que Elizabeth, descubrirás que para todo lo que en verdad deseas que suceda deberás tener otro plan "por si llueve". Este es un concepto muy útil, proveniente del ámbito de quienes organizan eventos en exteriores y saben que siempre es probable que llueva, de ahí su nombre. Con una fecha de respaldo, no es necesario preguntarse si un evento se reprogramará ni cuándo porque ya hay una fecha definida. Estas personas saben que no deben programar nada inamovible en el espacio de respaldo porque, aunque lo más probable es que no necesiten usarlo, el hecho de que exista aumenta en gran medida la probabilidad de que el evento suceda, aunque no sea justo cuando se programó.

Gracias al análisis que he hecho de los horarios, las bitácoras, las agendas y los objetivos de la gente, he comprendido que necesitamos muchos más espacios de respaldo "por si llueve". Podemos tener la esperanza de darnos tiempo para las actividades "importantes, pero no urgentes" que enriquecerán nuestra vida, podemos programar tiempo para ir al gimnasio, practicar el saxofón alto o escribir entradas de blogs, pero cuando la vida se complica, las situaciones pueden quitarnos tiempo, ya sea debido a crisis laborales, enfermedades, o por el simple hecho de que uno de nuestros niños se levanta temprano y se resiste a todo intento por hacerlo volver a la cama.

Todas estas situaciones pueden frustrarnos con mucha facilidad porque son estresantes, pero he descubierto que siempre ayuda recordar que, aunque cualquiera puede diseñar un horario perfecto, solo los grandes maestros de la administración del tiempo diseñan horarios resilientes. ¿Por qué? Porque no albergan la ilusión de que la vida será sencilla, porque moldean sus horas de tal suerte que fomenten el progreso incluso cuando las cosas no salgan como las esperaban. De esta manera logran que la vida se sienta mucho más sencilla a pesar de las vicisitudes.

Cómo diseñar un horario resiliente

Para diseñar espacios de respaldo para lo que en verdad importa, primero debemos averiguar qué es lo que importa, por eso les pedí a los participantes de Un martes más tranquilo que pensaran en actividades que fueran relevantes para ellos, pero que solieran sacar de sus agendas. Tal vez siempre terminas cancelando esa larga carrera con un amigo o una amiga el sábado por la mañana, porque llueve o porque las agendas familiares se complican. ¿Qué puedes hacer si la hora que se programó en un principio no funciona? Quizá hayas planeado investigar sobre un nuevo cliente el martes por la tarde, pero si se atraviesa una reunión, ¿en qué otro momento podrías abordar esta prioridad? O tal vez encontraste un espacio los jueves para trabajar en tu plan de negocios, pero tu bebé se despertó varias veces durante la noche, y ahora te cuesta trabajo concentrarte. Puedes hacer un poco, y recuerda que un poco es mejor que nada, solo que tal vez te sentirías más tranquila o tranquilo respecto a no ser productivo si tu

Regla 5. Reserva un espacio de respaldo

pareja estuviera de acuerdo en sacar a pasear al bebé el sábado por la mañana, en caso de que necesitaras tiempo adicional.

De la misma manera en que un evento como una graduación en un jardín necesita un plan alternativo "por si llueve", las actividades más importantes de tu vida exigen espacios de respaldo.

Dicho lo anterior, también debes considerar que, si las prioridades se acumulan, podría resultarte más difícil administrar tus espacios de respaldo. Otra cosa que sucede es que los viernes, a la hora de hacer nuestra planeación, no siempre sabemos todo lo que tendremos que haber terminado para cuando acabe la semana. Para enfrentar esta dificultad, te daré una regla práctica: **Hazte el hábito de programar en tu horario espacios abiertos de manera regular**. Así tendrás espacios de respaldo para cualquier prioridad que necesites reprogramar.

Los espacios abiertos pueden ser distintos, todo depende de la persona. Tal vez sea una hora todas las tardes, o una mañana cada semana. Algunas personas que programan actividades una hora en la mañana podrían dejar libres por lo menos 30 minutos de espacio abierto en la tarde, sin embargo, yo recomendaría fijarse unos 90 minutos para tener tiempo para pensar. Programa tu última cita de la mañana a las 11 a.m., y la primera de la tarde a la 1:30 p.m. De esta manera, si las citas de la mañana se alargan y empalman, como es muy probable que suceda, las de la tarde no se verán afectadas por el efecto dominó.

En lo personal, para cumplir con esta regla yo dejo los viernes abiertos, lo cual no resulta difícil si "planeo ajustado y luego planeo ligero". Esta frase, que les resultó bastante útil a muchos de los participantes de Un martes más tranquilo, se refiere a la práctica de asignar horas los lunes y los martes para todas las tareas de alta prioridad. Al principio de la semana las horas se sentirán un poco llenas, pero luego habrá un equilibrio porque el horario será más fluido los días subsecuentes. Todas las obligaciones y deseos deberán haberse realizado para cuando termine el jueves, y así, el viernes quedará libre como periodo de respaldo para cualquier cosa que surja o que haya quedado pendiente. Para cumplir con la intención de esta regla, no programarás nada para el viernes sino hasta que no estés absolutamente seguro de que no necesitarás el tiempo de ese día para algo más. De esta manera, si las cosas salen mal, no necesitarás tomar tiempo de la semana siguiente, la cual, sin duda, tendrá sus propias crisis.

Esta técnica del viernes les ha resultado muy útil a otras personas que la han puesto a prueba. Maggie Carter, una participante que trabaja en marketing, dirige un equipo de 10 personas y, a pesar de los constantes controles que suele implicar el trabajo que realiza, siempre se esfuerza en programar de manera consciente sus reuniones la primera parte de la semana para dejar los viernes abiertos.

"El tiempo se siente más espacioso los viernes", explica. Si eso es lo que necesita hacer, puede terminar sus reportes de gastos, pero también puede "seguir un hilo". Maggie lee artículos de principio a fin y se pone en contacto con la gente cuyo nombre de pronto le viene a la mente cuando no está haciendo una nueva llamada, como sucede cada media hora. Hace poco, durante este espacio abierto, se le ocurrió a quién podría invitar a participar en el podcast de su organización. Otro viernes, decidió analizar a los clientes nuevos del año y hacer un reporte. "Eso no habría sucedido si no tuviera la tarde del viernes como espacio de respaldo —explica—. Me ha servido para ser creativa, y para visualizar y aplicar más estrategias en el panorama general".

Cabe mencionar que fijarse como objetivo que el viernes permanezca abierto no significa que *siempre lo estará*. Para animar a los participantes de Un martes más tranquilo a encontrar espacios abiertos en sus horarios, les pedí que pensaran en lo que harían con ese tiempo si las semanas fluyeran sin dificultad y no lo necesitaran del todo, y me parece que esta fue una de las preguntas favoritas

Regla 5. Reserva un espacio de respaldo

de todo el proyecto. En las respuestas aparecieron muchas caritas felices, la gente fantaseó y mencionó días en un spa o incluso un rato largo y sin interrupciones para beber una taza de café en su sillón favorito. Pero, claro, luego surgió la desilusión, cuando muchos tuvieron que usar su espacio de respaldo para algo más, a pesar de que todos sabían que ese "algo más" era precisamente lo que podría solucionar una crisis, y para lo que ese espacio fue previsto.

En resumen, si vas a fantasear e imaginar un día en el spa o un rato sin interrupciones para beber un café, por favor programa estas actividades en tu horario y luego encuentra espacios de respaldo. Te aseguro que hay cabida para todo. A medida que te forjes el hábito de diseñar horarios resilientes, verás que habrá menos crisis y que se abrirán más espacios. Luego podrás usarlos para lo que desees.

La perfección no es posible, pero el progreso sí

Siendo realistas, si programas en tu horario cuatro espacios para ir al gimnasio, lo más probable es que logres ir tres veces, y si solo programas tres, irás dos o solo una, así que, si el objetivo era ir tres veces, programar cuatro te permitirá sentir que tuviste éxito. Dejar un espacio abierto te facilitará cumplir con tu lista de pendientes porque genera tranquilidad.

El objetivo ulterior, sin embargo, es crear una vida que, por lo menos, se mantenga inoculada contra el frecuente lamento del "tuve un imprevisto".

Las distintas versiones del imprevisto están por todos lados: ¡había mucho tráfico! La liga de Zoom no funcionó. El invitado al podcast nunca nos marcó. Esa rara comezón que tenía me obligó a ir de urgencia al hospital.

Claro que tuviste un imprevisto. La verdad es que la vida nunca fluye sin vicisitudes. A veces me gustaría vivir en los mundos que viven otros, donde nunca hay tráfico, los niños siempre encuentran sus zapatos, nadie se enferma de nada —mucho menos de algo que te obligue a ir a urgencias—, las recetas de cocina toman exactamente el tiempo indicado y los clientes nunca regresan con preguntas adicionales que necesitan que les respondas *en ese instante*. Habrá quien diga que quienes creen en estas situaciones son optimistas, pero la verdad es que en un horario en el que nada inesperado sucede, los amigos de antaño tampoco aparecen en la ciudad para pasar el día porque les cancelaron un vuelo, nunca conoces a tu clienta ideal en una conferencia ni recibes una invitación para visitarla en su oficina central esta semana. ¿En dónde colocas estas situaciones inesperadas? Imagino que la mayoría de la gente encontraría un lugar, pero entonces sería necesario eliminar o postergar algo más. Las semanas se transforman en años y, en algún momento, ya no vuelves a pensar en ese plan de negocios que tenías previsto desarrollar.

Si imaginas que la vida fluirá a la perfección o, al menos, saldrá como la planeaste, cualquier suceso menor, bueno o malo, te desviará de tus objetivos. Cualquier explicación de ese desvío sonará razonable, pero muchos de los "imprevistos que surgen" y que la gente considera excusas legítimas son totalmente predecibles.

Sé que suena severo, pero cuando das por sentado que algo surgirá y prevés tiempo para lidiar con ello, tus dificultades de horarios tienen un impacto menor en tu vida. Todavía tienes la capacidad de avanzar en tus metas y hacer lo que te hace feliz. Si tu asistente te avisa que va a renunciar, tienes el viernes disponible para empezar a ver los CV de posibles candidatos y no necesitas sacrificar la tarde del jueves que apartaste para trabajar en el diseño de tu nuevo programa de entrenamiento. Tendrás tiempo para hacer ambas cosas.

No puedo dejar de repetir la sensación de calma que esta práctica te puede dar. Me refiero a la sensación que Elizabeth dijo sentir cuando supo que su esposo se encontraba bien de salud y se dio cuenta de que todavía tenía tiempo para terminar su artículo

¡e incluso enviarlo antes de la fecha límite! La mejor manera de describir esta calma es equiparándola con lo que sucedería si pudieras andar por la vida con una cuenta bancaria repleta de dinero. ¿Se descompuso tu celular? Descuida, si no puedes repararlo te comprarás otro. Esta misma tarde, si quieres. Si quemas la cena puedes ordenar pizza. En fin, las nimiedades dejan de molestarte. En realidad, nadie puede acumular tiempo de la misma manera en que se acumula capital, pero contar con espacio en tu horario es el equivalente psicológico de contar con un cuantioso fondo para emergencias.

Me gustaría que todos tuvieran esa sensación de riqueza. Y jugando un poco con el título del libro de finanzas personales de la emprendedora Rachel Rodgers, *Todos deberíamos ser millonarios*, yo diría que todos podríamos ser *millonarios de tiempo*. Los horarios resilientes nos ayudan a ver que el tiempo no es escaso sino abundante.

Perspectivas de los participantes: identificación de los obstáculos

Los participantes de Un martes más tranquilo estuvieron más alertas con esta regla que con las otras. Muchas personas indicaron que "no era para ellas" o que necesitarían modificarla. Dicho lo anterior, cuando les pregunté si habían necesitado dejar de hacer algo divertido o importante la semana anterior debido a que se les presentó un imprevisto, solo un cuarto de los participantes dijo que *no*. La mayoría de quienes tuvieron que dejar de hacer algo dijo que fue ejercicio, pasatiempos o tiempo con la familia. Quienes tuvieron que hacer a un lado prioridades profesionales mencionaron trabajo enfocado, experiencias de aprendizaje o progreso en un proyecto a largo plazo. Una persona escribió: "Da la impresión de que las exigencias del trabajo arrasan con todo como si fueran una aplanadora". Alguien más mencionó que "las crisis parecen permanentes".

Les pedí a los participantes que pensaran para cuáles actividades les convendría contar con tiempo de reserva y en qué momento podrían crear estos espacios o programar algunas horas de espacio abierto de manera más general. También les pedí que anticiparan las dificultades que podrían encontrar al tratar de programar un espacio de respaldo, y las razones que me dieron me hicieron comprender sus temores.

Una persona confesó tener un verdadero *horror vacui*, es decir, miedo a los espacios vacíos. Aunque me sorprendió lo sofisticado de este término que, en realidad, pertenece al ámbito del arte, el impulso me pareció lógico. Si tu vida está repleta de actividad, puede parecerte incorrecto dejar espacios abiertos. Hay "tanto que hacer, y tan poco tiempo", como dicen por ahí, que "parece ingenuo alcanzar a hacer todo y tener espacios vacíos". Alguien habló de "la presión social de aceptar invitaciones a reuniones porque, como técnicamente no tienes nada pendiente, parece incorrecto declinarlas".

Es cierto que si alguien lleva cuatro semanas tratando de reunirse contigo, y ves que la mañana del viernes está libre, resulta difícil volverse a negar.

Sin embargo, yo refutaría eso de que "no tienes nada pendiente". Los espacios libres o abiertos tienen un propósito, no son una indulgencia irrespetuosa. Nadie en este proyecto terminó usando su tiempo de reserva para ir a jugar golf en medio de una semana cargada, ni abandonó la oficina cuando no había personal suficiente. Programar un espacio libre, abierto o de reserva, implica reconocer que al principio de la semana no sabemos todas las tareas que necesitaremos o querremos abordar para cuando termine. Dejar espacio para los "imprevistos previstos", y aquí tomo prestada la frase de Donald Rumsfeld, te permite conservar tu compromiso con otras cosas que previste hacer.

En el libro *Escasez. ¿Por qué tener poco significa tanto?*, de Sendhil Mullainathan y Elda Shafir, encontré uno de los mejores ejemplos de

Regla 5. Reserva un espacio de respaldo

este fenómeno. Estos profesores cuentan la historia de un hospital de cuidados intensivos de Misuri, cuyos quirófanos tenían una ocupación de 100 por ciento de su capacidad. Cada vez que alguien necesitaba una cirugía de emergencia, lo cual no es raro en este ámbito, el hospital tenía que postergar otra cirugía programada desde mucho tiempo antes. Los médicos a veces esperaban varias horas para que se abriera un quirófano y terminaban realizando cirugías a las 2 a.m.: un momento poco favorable para que alguien se ponga a manipular un bisturí, si acaso hay otras opciones disponibles.

Un asesor externo propuso como solución dejar un quirófano abierto, sin cirugías programadas, pero al principio a muchos les pareció una locura. Las instalaciones ya estaban saturadas y ¿ahora iban a reducir la capacidad aún más? Sin embargo, funcionó. Los autores comentaron que, a primera vista, el hospital carecía de quirófanos, pero en realidad lo que hacía falta era la habilidad de lidiar con las emergencias. Como los procedimientos planeados ocupaban todos los quirófanos, las inevitables cirugías de emergencia obligaban al personal a reacomodar los horarios de manera constante, lo cual tenía "serias repercusiones en los costos, e incluso en la calidad de los cuidados médicos". Una vez que se apartó un quirófano para las cirugías no programadas, todos los demás estuvieron disponibles para las cirugías previstas. El hospital efectuó más cirugías en general, y redujo los retrasos de forma masiva.

Perspectivas de los participantes: superar los impedimentos de manera creativa

Los participantes que comprendieron esta ventaja potencial encontraron maneras creativas de incorporar en sus horarios el equivalente de un quirófano vacío, y de no reservar ese espacio a menos de que en verdad hubiera una emergencia. En general, esto implicó una rigurosa evaluación de las actividades en el calendario.

"Al planear mis semanas los viernes tengo que enfrentarme a todo lo que me propuse terminar en la semana, y mi horario suele estar saturado —escribió una persona—. Esto me facilita decir entre semana 'mi calendario ya está lleno' o, si surge un nuevo proyecto o tarea, 'puedo hacerlo, pero tendrá que esperar hasta la próxima semana por lo menos' ".

Otra persona dijo que había eliminado todas las reuniones que no involucraban su participación. Y alguien más dijo: "Algunas reuniones son obligatorias, pero hay otras en las que yo mismo me ofrezco a participar, ¡así que podría dejar de hacerlo con tanta frecuencia!".

Una persona incluso documentó todas sus reuniones con el objetivo de disminuir la cantidad.

"Claro, todas están apuntadas en mi calendario, pero quería evaluarlas para disminuir mi presencia, para identificar quién podría ir en mi lugar, o si sería posible asistir solo una o dos veces por semana en lugar de todos los días. En algún momento me sentí tan irritado que dejé de anotar mis dos juntas por semana, e incluso cuando solo tenía una. Por eso ahora paso buena parte de mi tiempo de planeación de la semana tomando decisiones inclementes en cuanto a cuáles reuniones asistiré".

Algunas personas, como Elizabeth, terminan contratando más horas a su niñera o pidiéndole a su pareja o a algún familiar que los cubra en un turno adicional.

No a todos les costó trabajo aceptar la idea de dejar espacios abiertos. Algunas personas que trabajaban en horarios limitados, que estaban retiradas o vivían solas dijeron tener bastante espacio libre disponible. A la mayoría, sin embargo, se le dificultó contestar a una pregunta que valía la pena formularse: "¿Cuándo?".

Los resultados

A pesar del temor general, en la encuesta de seguimiento la mayoría de los participantes indicó haber programado un espacio de

Regla 5. Reserva un espacio de respaldo

respaldo o incluido más horas libres en las semanas. Esto tuvo efectos positivos, como una reducción masiva en la ansiedad respecto al tiempo:

- "Fue liberador, eliminó la innecesaria sensación de presión los otros días".
- "Fue grato saber que, si algo no funcionaba, tenía una opción y aún podía cumplir con la tarea".
- "Me he sentido menos agitada respecto a hacer todo en mi lista de pendientes todos los días".

Cuando algo surgía, la gente podía lidiar con ello, y eso incluyó algunas sorpresas positivas también.

"Un día de trabajo, recibí la visita inesperada de mi hermano —escribió una participante—, y como sabía que tenía contemplado un espacio abierto en mi calendario más adelante en la semana, el cambio imprevisto no me inquietó".

Esta regla es en apariencia simple y permite crear más margen, pero también sirvió para abrirles los ojos a algunas personas y permitirles ver qué tan cerca del borde solían funcionar. Ni siquiera se habían dado cuenta de que, en lo referente al tiempo, era como si vivieran de una quincena a otra. Una participante dijo sentirse menos irritada cuando la gente la interrumpía: "A veces, incluso me siento *demasiado* relajada a pesar de que estaba siendo productiva la mayor parte del tiempo. Creo que, quizá, estoy tan acostumbrada a sentirme estresada que cualquier otro estado lo considero anormal".

Es un verdadero cambio de mentalidad, así que, si te has sentido al borde, si te parece que nunca te da tiempo de hacer las tareas importantes pero no urgentes, o si cada semana terminas sintiéndote más rezagado que cuando empezaste, trata de incluir en tu horario un espacio de respaldo. Los efectos te sorprenderán.

Un científico que participó en el proyecto escribió: "Ayer estaba listo para llenar este cuestionario y decirle que dejar un espacio abierto no me había funcionado, que solo me hacía sentir que perdía tiempo en el trabajo porque no estaba realizando cada experimento al máximo todo el tiempo. Sin embargo, justo antes de salir de la oficina me di cuenta de que había estado analizando ciertos datos de manera incorrecta y necesitaba tiempo para volver y corregir el trabajo de los últimos meses. ¡Lo bueno es que había reservado un espacio de respaldo para el viernes por la tarde!".

De acuerdo con esta persona, el efecto principal fue que acabó todos sus pendientes de la semana sin trabajar horas adicionales. Pudo pasar el fin de semana disfrutando del agradable clima primaveral en lugar de invirtiendo tiempo en corregir su error.

Cuando incluimos espacios libres de respaldo, podemos cumplir con nuestras tareas y disfrutar del tiempo libre. Es tan sencillo como eso.

Da el siguiente paso: haz planes de respaldo

Crear espacios libres de respaldo nos puede ayudar a avanzar hacia nuestros objetivos sin importar lo que se presente. A veces, sin embargo, a pesar del esfuerzo, es imposible lograr nuestras metas principales. Cuando la opción A se esfuma, la situación puede ser muy distinta si cuentas con una opción B útil. Si quieres disfrutar de verdadera tranquilidad, hazte el hábito de contar con planes de respaldo.

La pandemia de covid-19 nos dio un curso intensivo sobre esta mentalidad. Fue en un afortunado momento en el que surgieron más opciones B reales. Si no puedes encontrarte con alguien o celebrar en persona, ahora lo puedes hacer de forma virtual. No es

Regla 5. Reserva un espacio de respaldo

lo mismo, pero tampoco es terrible. Además, no corres el riesgo de quedarte varado en O'Hare, como lo pudimos constatar quienes teníamos cuentas profesionales de Zoom antes de marzo de 2020. Si no puedes tomar las vacaciones europeas que planeaste, puedes explorar los mejores senderos dentro de los 80 kilómetros alrededor de tu hogar. Puedes comprar boletos para tantos eventos de dulces y disfraces con distanciamiento social que los niños ni siquiera notarán que no salieron a pedir dulces en Halloween.

Si transfieres esta filosofía mientras el mundo se recupera, verás que solo necesitas pensar en la siguiente mejor opción. Cuando hagas planes, considera qué más podrías hacer, qué más funcionaría casi tan bien y eliminaría cualquier desilusión.

Esto suele ser muy sencillo en las situaciones en las que las apuestas no son muy elevadas. En lugar de juguetear con tus pulgares y discutir sobre otras opciones cuando la lluvia impida el picnic que planeaste en la playa, ya te habrás puesto de acuerdo para visitar el museo de ciencia que a todos les encanta. Verás que esta opción también te permitirá tener aventuras y crear hermosos recuerdos.

Sin embargo, los grandes logros de la previsión surgen cuando diseñas planes de respaldo para situaciones de alto riesgo como tu carrera profesional o tu educación.

Por ejemplo, ¿cuentas con un plan para conseguir un empleo alternativo? Es decir, ¿tienes una idea clara de lo que harías si no pudieras o no quisieras dedicarte a lo que te dedicas ahora? El objetivo del *networking* no es recolectar tarjetas de presentación, sino asegurarte de conocer y mantenerte en contacto con personas que te digan: "Escucha, si alguna vez consideras dejar tu empleo, llámame a mí antes que a nadie". Así, si necesitas dejar tu empleo o te fuerzan a renunciar, tendrás opciones. Contar con ellas te permitirá tomar otros riesgos y marcar fronteras más claras respecto a lo que harás o no harás en tu opción A, es decir, en tu empleo actual, lo cual enriquecerá tu experiencia. Por todo esto, vale la pena que trabajes en tus relaciones profesionales y blindes tu carrera con el mismo tipo de resiliencia que desearías que tuvieran tus horarios.

Esto también es aplicable a las solicitudes a las universidades. La gente a veces habla con desprecio de las "escuelas seguras" —la opción académica en la que casi es seguro que te admitirán—, pero lo cierto es que da mucha tranquilidad saber que, pase lo que pase, tendrás una educación de alto nivel. Puede ser en una institución o en otra, pero la tendrás.

Aceptar que tal vez no puedas acceder a tu primera opción te obliga a pensar a fondo en otras, lo cual genera una sensación de tranquilidad porque, si sabes que estarás bien, y en ocasiones, incluso mejor que solo bien, puedes deslindarte de cualquier serie de sucesos. Puedes mantener tu autonomía sin importar lo que se presente. A fin de cuentas, no sabemos lo que pasará en la vida, pero siempre podemos aprovechar al máximo.

Pregúntate qué sí podría salir bien

¿Estás harto del pesimismo? Espera, te daré una segunda recomendación. Como dije, los grandes maestros de la administración del tiempo tienen la costumbre de preguntarse qué podría salir mal, pero también resulta útil fantasear irespecto a lo que podría salir fabulosamente *bien*! De esta manera estarás preparado para aprovechar las oportunidades.

Para reflexionar sobre esta posibilidad, aparta algo de tiempo y, por supuesto, ¡un espacio abierto! Si el director ejecutivo de tu empresa se enterara del excelente trabajo que realizas y te pusiera a cargo de un proyecto, ¿qué pedirías? Digamos que publicaste algo en internet por azar y se volvió viral. Editores y productores fílmicos te suplican que aceptes reunirte con ellos. ¿Qué te gustaría crear con

Regla 5. Reserva un espacio de respaldo

esa nueva plataforma? Antes de fallecer, una misteriosa tía a la que nunca conociste estableció una fundación que otorgará generosas ayudas de 50 millones de dólares al año y te dejó a cargo. ¿A qué causas te gustaría contribuir?

No estoy diciendo que esto sucederá, lo más probable es que no pase, pero si descubres que te encantaría financiar una nueva sinfonía con los fondos que dejó tu tía, pensar en esto podría ayudarte a encontrar la manera de involucrarte más en el ámbito de la música nueva. Tal vez estés pensando en este anhelo cuando veas en la universidad local un póster con el anuncio de que se buscan cantantes para participar en talleres y trabajar en nuevas composiciones corales. En ese caso, no solo pasarás caminando: te detendrás, escribirás la información, llamarás para inscribirte y, como si nada, de pronto estarás camino a vivir todo tipo de nuevas aventuras.

Es tu turno:
aparta un tiempo libre de respaldo

Preguntas de planeamiento:

1. Piensa en la semana pasada. ¿Tuviste que dejar de hacer algo divertido o importante porque surgió un imprevisto? ¿Cuál era tu prioridad y qué fue lo que se presentó?
2. Piensa en la semana próxima. ¿Para cuándo podrías apartar por lo menos dos horas de tiempo libre? Identifica un punto principal y uno alternativo.
3. ¿Qué podría impedirte dejar espacios abiertos en tu vida?
4. ¿De qué manera podrías lidiar con esos impedimentos?
5. Si la vida fluyera a la perfección, ¿para qué usarías el tiempo que reservaste?

Un martes más tranquilo

Preguntas de implementación:

1. ¿En qué momentos dejaste espacios libres en tu horario?
2. ¿Qué efecto tuvo en tu vida haber dejado huecos en tu horario?
3. ¿Qué impedimentos encontraste al implementar la estrategia de esta semana?
4. ¿Cómo los enfrentaste?
5. Si necesitaste modificar esta regla, ¿de qué manera lo hiciste?
6. ¿Qué tan probable es que continúes aplicando esta regla en tu vida?

REGLA 6
Una gran aventura, una pequeña aventura

*Si recordamos adónde se fue nuestro tiempo,
dejaremos de preguntarnos "¿adónde se fue mi tiempo?".*

Ciertos días se quedan más presentes en la memoria que otros. En muchas ocasiones he pensado en un día de finales de junio de 2006. Estaba con Michael, mi esposo, en la siempre iluminada provincia noruega. En parte, el viaje era para documentar una novela de suspenso que yo estaba escribiendo (no, aún no la has leído), pero, en esencia, era un viaje de placer. Para celebrar el inicio del verano decidimos realizar uno de los paseos de senderismo más populares de Noruega. Tomaríamos un bote para llegar a él, ascenderíamos a la cima recorriendo una fotogénica cresta y luego descenderíamos por la parte de atrás de la montaña hasta volver al hotel.

Parecía bastante sencillo y seguro, pero fuimos precavidos y llevamos chamarras y pantalones. Sabía que el clima cambiaba rápido en las montañas, pero no supe calcular cuánto. Cuando iniciamos el ascenso caminando sobre la grava, empezó a hacer frío y a llover. Entonces noté que los noruegos tenían una noción distinta de lo que para los estadounidenses era un sendero de interés general porque nuestro camino terminó en una parca zona limitada con salientes resbalosas que medían unos cuantos metros y, a ambos lados, había voladeros inconmensurables.

¿Ya mencioné que le tengo miedo a las alturas?

Por todo esto, mantuve la vista fija en la cima y traté de no mirar hacia abajo mientras ascendíamos por una montaña que entraba y salía de entre las nubes. Caminé con calma, despacio y con la ilusión de que el sendero se volvería más amable poco después. En algún momento, sí, se niveló, pero cuando nos dirigíamos a la cima la lluvia se transformó en nieve, en mucha nieve. Era una verdadera ventisca de junio. No tardamos en perdernos y en empezar a buscar los postes que pareció tragarse de repente aquel frígido campo nevado.

Ahora que veo en retrospectiva aquel helado día de verano, me parece obvio que, en algún momento, habríamos cruzado hacia el otro lado de la experiencia. Era un sendero popular y cada determinada hora llegaban más botes. Si comenzaba a bajar menos gente de la que había subido, alguien notaría lo que pasaba. Sin embargo, en ese momento, rodeada de una densa nube blanca que me desorientaba, en lo único que podía pensar era en que me quedaría ahí para siempre.

Finalmente, después de haber estado perdidos en la ventisca durante lo que nos pareció una eternidad, pero en realidad tal vez solo fue media hora, nos encontramos con un grupo de soldados noruegos que estaban haciendo un recorrido en su tiempo libre y también se habían perdido. Uno de ellos tenía una brújula que usamos para guiarnos mientras atravesábamos la cima estimando, a ojo de buen cubero, dónde nos encontrábamos. Llegamos a una zona más tranquila de la montaña y, después de buscar un poco, encontramos los postes. Las nubes se disiparon y pudimos ver el valle. Notamos que podríamos llegar a él paseando por praderas subárticas con peñascos y flores microscópicas. Cené en mi hotel y el único recuerdo físico de aquella tormenta fue el hormigueo que me quedó tres días en los dedos porque se me habían congelado.

A pesar de todo, aquellas horas aferrándome a las rocas y, después, haberme perdido en la nieve del verano, forjaron una experiencia que se grabó en mi memoria. Aunque sucedió hace muchos

Regla 6. Una gran aventura, una pequeña aventura

años, recuerdo algunos detalles, y créeme que no podría decir eso de la misma cantidad de horas que pasaron entre la comida y la cena de ayer, las cuales, estoy segura, *no recordaré*. Ya casi olvidé todo lo de ayer, las horas volaron, pero el tiempo en la cima de la montaña se quedó para siempre. ¿Por qué sucede eso?

Me parece obvio. Los segundos avanzan como el pulso constante de un metrónomo, pero el tiempo lo experimentamos de maneras distintas dependiendo de lo que hagamos con él. Estas diferencias tienen implicaciones importantes para la manera en que debemos estructurar nuestro tiempo si queremos sentir que su textura es más densa y rica a pesar de vivir circunstancias más bien ordinarias.

Como he estudiado la percepción del tiempo, he aprendido que cualquier forma de intensidad crea recuerdos más profundos, lo cual resulta lógico. Nuestro cerebro está ocupado, nos aferramos solo a aquello que nos obliga a salir de la autocomplacencia. Lo más intrigante es que, a nuestra noción de lo rápido que pasa el tiempo, lo que le da forma es la cantidad de recuerdos que hayamos creado. Nuestro cerebro percibe un fondo general de creación de recuerdos, digamos, unos seis por quincena. Cuando ese paso se acelera y tenemos más recuerdos de cada unidad de tiempo, este se siente más largo. Esto explica por qué el primer día de un viaje a un lugar exótico se puede sentir como un mes. En un ambiente completamente nuevo, tu cerebro no tiene idea de lo que necesitará saber, y por eso se aferra a todo lo que está expuesto y crea una decena de recuerdos antes del almuerzo, lo cual desacelera el avance del tiempo.

Este fenómeno también explica por qué el tiempo parece acelerarse cuando envejecemos. Cuando somos adolescentes y adultos jóvenes, encontramos mucha novedad: escuelas nuevas, ciudades, empleos, amores... todo es nuevo. Como todo nos resulta desconocido, el ritmo de fondo de la creación de recuerdos alcanza la máxima velocidad que tendrá en la vida. Esto hace que, en el recuerdo, el tiempo parezca expansivo. En la edad mediana, en

Un martes más tranquilo

cambio, la tendencia es apegarse a la rutina. El ritmo de fondo de la creación de recuerdos puede estancarse por completo porque todos los días se ven iguales al anterior. Cada mañana entre semana vivimos el mismo caos que implica llevar a los niños al autobús, ir a trabajar, pasar con esfuerzo de una reunión a otra, enfrentarnos a una bandeja repleta de correos electrónicos, volver a casa para cenar, bañar niños, ver televisión y acostarse. No es común perdernos en las cimas de montañas noruegas, pero tampoco nos incitamos a correr riesgos benéficos.

Tal vez suene deprimente, pero no tiene por qué ser así. Una vez que salimos de esa burbuja con nieve agitable que es la juventud y nos establecemos, tenemos que crear de manera consciente la intensidad positiva que requiere nuestra vida. De esta forma, los años no desaparecerán al caer en los huecos de la memoria, y el único modo de notar su paso no será el hecho de que seguimos midiendo a los niños y marcando en la pared cuánto crecen.

La buena noticia es que nada de esto exige hacer senderismo en medio de ventiscas en el solsticio de verano ni abandonar las rutinas que nos permiten tomar buenas decisiones de forma automática. Solo necesitamos maneras de introducir novedad a nuestra vida cotidiana. La novedad crea recuerdos y los recuerdos expanden el tiempo. Si recordamos adónde se fue nuestro tiempo, dejaremos de preguntarnos "¿adónde se fue mi tiempo?".

Esto nos lleva a la **Regla 6 de Un martes más tranquilo: Una gran aventura, una pequeña aventura**. Cada semana ponte el objetivo de planear y programar en tu calendario una pequeña y una gran aventura. Esto puede cambiar por completo tu experiencia del tiempo, y ayudarte a forjar recuerdos y una sensación permanente de esperanza.

Antes de que alguien se queje de que no puede imaginar excursiones semanales a otro continente, permíteme aclarar las definiciones de los términos:

Regla 6. Una gran aventura, una pequeña aventura

- Una gran aventura significa algo que requiera algunas horas, digamos, medio día entre semana.
- Una aventura pequeña podría tomar solo una hora aproximadamente. Debe caber en el espacio de la pausa para comer o en una noche entre semana. El requisito esencial es que sea algo fuera de lo común.

Estas aventuras deben ser actividades que en verdad desees hacer o, al menos, que deseas haber hecho. Más adelante hablaré de la diferencia entre estos conceptos.

Por ejemplo, si miro mis registros de actividades de algunas semanas de verano, podría decirte que algunas de mis grandes aventuras han incluido un viaje familiar a Ocean Grove en Nueva Jersey, después del cual nos detuvimos a comprar helado, por supuesto. Asistir a un juego de los Phillies con mi esposo; llevar a los niños grandes a recoger duraznos y arándanos en un huerto a una hora de distancia; llevar a mi hija a Hersheypark, un parque de diversiones basado en el tema del chocolate. Entre las aventuras pequeñas puedo mencionar: llevar en cada ocasión a un niño distinto a comer sushi a un restaurante en el que nos sentamos en cojines en el suelo; ir a un tobogán acuático; ir al Museo de Arte de Filadelfia para ver una peculiar colección de esculturas realizadas con calcetines de nailon, y hacer un paseo familiar en un jardín que nunca habíamos visitado.

A lo largo de los años que he enseñado esta regla he descubierto algunos beneficios:

1. Para planear dos aventuras por semana, **tenemos que planear nuestras semanas.**

   Esto refuerza el hábito de planeamiento semanal que aprendimos en el segundo capítulo, pero hace énfasis en planear lo que *deseamos*, y no solo lo que *necesitamos* hacer.

2. Este hábito **genera buenas dosis de antelación** en nuestro panorama mental.

   La gente que cada semana planea una aventura pequeña y otra grande no solo espera a que lleguen las vacaciones para hacer actividades disfrutables e interesantes, ¡también tiene algo qué anhelar cada tres o cuatro días!

3. Descubrimos que **incluso en los periodos breves es posible crear recuerdos.**

   Un martes cualquiera puede transformarse en algo especial sin que tengamos que modificar toda nuestra vida. La combinación de una pequeña y una gran aventura hará que las semanas sean interesantes, pero sin fatigar ni dejar a nadie en bancarrota, y sin desestabilizar las rutinas útiles que ya tenemos establecidas. ¿Asistes a un evento religioso todos los fines de semana? Genial. Una aventura de medio día puede realizarse sin que rompas ese compromiso. ¿Casi todos los días de la semana tienes que comer con algún jefe de área del trabajo? Maravilloso: de todas maneras, puedes visitar ese jardín escultórico algún día por la tarde, cuando salgas de la oficina.

Esta fórmula que conjuga una pequeña aventura y otra grande hace que el tiempo se sienta como una canción con un cambio de tono entre las estrofas. La melodía que te reconforta continúa ahí, lo único diferente es que tu conciencia aumenta al cambiar de tono.

**Perspectivas de los participantes:
ideas para la implementación**

Después de hablar de esta regla con los participantes de Un martes más tranquilo, les pedí que pensaran en qué aventura pequeña y qué

Regla 6. Una gran aventura, una pequeña aventura

gran aventura podrían tener la siguiente semana. Les dije que, si ya tenían planeada alguna, la anotaran para que pudieran saborearla y apreciarla, para que se comprometieran de manera consciente con el recuerdo, en lugar de solo vivir la experiencia a toda velocidad.

La mayoría estuvo de acuerdo en intentarlo. Aunque algunos sentían que su vida ya era lo suficientemente emocionante, el principal obstáculo al inicio fue elegir qué hacer. Para quien tiene una vida ocupada, organizar una aventura puede sentirse como un pendiente más de la lista y, claro, decidir cuándo la llevará a cabo es aún peor. Irónicamente, la respuesta radica en... hacer *más* listas. Si tienes una lista de las aventuras prácticas que has soñado tener desde hace tiempo, no necesitarás empezar a pensar en ellas.

La próxima semana busca algunos minutos para pensar en esta pregunta, en qué te agradaría hacer. Si ya hiciste la Lista de los cien sueños del capítulo 2, es muy probable que, en ese viaje de tres semanas a Fiyi, también haya algunas aventuras realizables. Pídeles a tus amigos y familiares que te den ideas. En mi blog suelo publicar listas de diversión por temporadas (lauravanderkam.com) y en ellas incluyo aventuras pequeñas y grandes para celebrar épocas específicas del año. La lista de diversión para el invierno podría incluir patinar en hielo en la pista descubierta del centro de la ciudad y deslizarse en trineo en una colina cercana. Una lista reciente de diversión en primavera incluyó hacer un rompecabezas de mil piezas con la imagen de un colibrí, recoger tulipanes en las Granjas Holland Ridge de Nueva Jersey y tomar fotografías de 30 representaciones de flores en un museo de arte. Algunas propuestas se repiten de un año a otro, pero hacer algo anualmente de todas formas puede percibirse como una aventura. Entre más hago estas listas, más conciencia cobro de las cosas que pueden hacer que la vida sea un poco más emocionante.

Muchos participantes del proyecto expresaron en la encuesta haber usado la invitación de la semana para hacer sus propias listas de aventuras.

"¡No puedes planear algo sobre lo que no sabes nada! Así que revisé algunos calendarios en internet para encontrar eventos y actividades disponibles", dijo una persona.

Alguien más decidió apartar tiempo al final de cada mes para buscar eventos para el mes siguiente, y otra persona propuso crear una lista permanente en su planificador digital. "Creo que recordar que quiero hacer cierta actividad en unos tres meses puede ser difícil, pero espero que incluirla en mi calendario desde ahora me ayude", escribió.

El simple hecho de dedicarle un espacio mental a esta pregunta puede ayudar a que las ideas fluyan: "Cada vez que descubro una aventura en potencia, mi cerebro empieza a trabajar y a buscar información respecto a una idea similar. A veces las ideas se expanden y termino con varias opciones", escribió una persona.

Naturalmente, las restricciones por la pandemia de covid a las que algunos participantes todavía estaban sometidos en 2021 hicieron que seguir esta regla fuera más complicado. Aunque ciertas personas lograron disfrutar de soleados días primaverales, es cierto que el clima errático puede limitar los planes. Alguien más dijo que "la presencia de bebés y niños pequeños puede hacer que las aventuras parezcan 'más trabajo que diversión'". Estoy de acuerdo con esta afirmación. Un viaje de un día a la playa implica más de una hora empacando pañales, ropa adicional, bocadillos y toallas, además de tiempo para ponerles bloqueador solar a cinco niños, y ni hablar de las quejas por el hecho de que, inevitablemente, no todo puede ser divertido todo el tiempo para toda la familia. A veces, uno incluso se pregunta para qué se tomó la molestia de organizar algo.

En el siguiente capítulo hablaré más del "porqué", pero resulta útil comprender que, **más que una medida estandarizada objetiva, la aventura es un estado mental**. Si tu familia está emocionada por ir a una nueva heladería, entonces estamos hablando de una aventura, incluso si, para alguien más, vivir una aventura

Regla 6. Una gran aventura, una pequeña aventura

significa navegar como vikingo en los fiordos noruegos. Cuando la vida se ve limitada por una u otra razón, ya sea por las reglas para enfrentar una pandemia, por problemas de salud, o por falta de fondos o de alguien que cuide a los niños, podemos enfocarnos en las aventuras que son viables en lugar de las que no podemos realizar. Ver una tormenta eléctrica bajo el resguardo del toldo de una terraza es una aventura. Trepar en el jardín un árbol en el que nunca se habían subido es una aventura. En los días más estrictos del confinamiento teníamos permitido caminar por los senderos locales, así que nuestra "gran aventura" solía ser un paseo familiar de fin de semana para explorarlos. Probamos la comida de distintos restaurantes. Escuché conferencias en línea sobre la *Misa en Si menor* de Bach y asistí mediante Zoom a celebraciones por el lanzamiento de los libros de varios amigos. Un participante dijo haber pasado con sus hijos "dos horas en el bosque construyendo puentes de ramitas y musgo sobre un riachuelo diminuto. Bueno... he ahí la gran aventura durante el confinamiento".

También puedes retomar algo que *ya* hacías y darle la forma de una aventura, o modificarlo para aumentar su novedad. Si acostumbras salir a caminar con un amigo o amiga, elijan una ruta nueva y, para terminar su conversación, deténganse en un café que no hayan visitado. Una visita al supermercado podría convertirse en una aventura si propones una competencia familiar para ver quién encuentra primero todos los artículos de su parte de la lista, o si añades una parada en una tienda de artículos importados o un mercado de productores locales. Si trabajas desde casa, en algún momento podrás tomar algunos descansos, ¿por qué no usarlos para dar un paseo de 15 minutos en bicicleta? Una participante escribió: "Descubrí que, en la actualidad, no se requiere mucho para escapar de la vida ordinaria. Puedo ir a ver aparadores a las tiendas del centro y comer un helado, manejar a un pueblo vecino para conocer un nuevo parque y comprar comida para llevar en un restaurante que no conozca mi familia".

Un martes más tranquilo

Los planes transforman los deseos en realidad

En su misión de planear una pequeña y una gran aventura, los participantes de mi estudio disfrutaron con intensidad de todo tipo de actividades en sus semanas y...

- Plantaron manzanos.
- Participaron en un espectáculo virtual de improvisación.
- Fueron narradores en el evento religioso de la iglesia en Semana Santa.
- Compraron e instalaron una resbaladilla en el patio trasero.
- Diseñaron una elaborada broma para el 1º de abril, Día de los Inocentes.
- Llevaron a sus hijos a comprar helado el primer día que la heladería abrió para la temporada de verano.
- Hicieron una caminata por la tarde para ver cómo florecían las flores en primavera.
- Organizaron el primer encuentro de sus hijos con sus amigos para jugar en un parque tras la pandemia de covid.
- Organizaron una fiesta de princesas en el jardín para su hija y sus amigas.
- Dieron un paseo al amanecer en un puerto urbano durante un viaje de trabajo.
- Visitaron un parque escultórico en una ciudad cercana.
- Iniciaron un club de cata de vino con amigos. El participante en cuestión lo describió como "un club de lectura sin libros".

Un participante incluso se casó en esta semana del estudio. Sin duda, fue una ocasión memorable, ¡pero no creas que fue esta regla lo que lo inspiró a hacerlo!

Con suerte, una boda puede ser un suceso único en la vida, pero hay muchas otras aventuras que no necesitan ser tan originales. "De cierta forma, las actividades no fueron extraordinarias. En teoría, habría podido realizarlas, aunque no las 'hubiera planeado', pero como las planeé, no dudé y las emprendí. Y ahora me siento pleno y feliz", dijo un participante.

Los planes transforman los deseos en realidad. Esto explica por qué algunas personas vieron el lado positivo de que durante la pandemia muchos lugares respetaran las restricciones en cuanto a la capacidad. Antes, uno podía decidir el sábado temprano que ese día pasaría toda la mañana en el zoológico. Se podía ir cuando a uno le daba la gana o, si la actividad parecía más bien una carga, también se podía cancelar la visita. Ahora, como era necesario hacer reservación, el deseo general de ir al zoológico se transformó en un boleto con una hora fija en la agenda, y esto aumentó las probabilidades de que la visita se produjera.

A los participantes les encantaron sus aventuras, incluirlas ellos mismos en sus horarios, sentir la emoción y reflexionar. Apreciar la experiencia emocional tripartita de todo acontecimiento puede ayudar a acrecentar el disfrute. Una persona que planeó una celebración señaló que "fue divertido hablar con mi familia sobre los momentos destacados de la fiesta". Al compartir los recuerdos, esta participante sintió que "el evento había durado más".

Incluso modificar un descanso para el almuerzo podría cambiarte la vida. "Nunca imaginé que un simple descanso entre semana pudiera ser tan agradable —dijo alguien—. Planear para el mediodía una visita a la librería local, y saber que así pasaría la hora del almuerzo, me hizo sentir anhelo y emoción a pesar de que tuve que asistir a juntas toda la mañana".

Perspectivas de los participantes: identificación (y triunfo sobre) los obstáculos

También hubo impedimentos. Si sientes que tu vida es un caos, planear cualquier cosa te hará sentir extravagante. "Las grandes aventuras son aún más intimidantes cuando estoy tratando de sobrevivir", escribió alguien.

La gente se preguntó en qué momento encontraría tiempo en medio de sus ocupados días entre semana. Puede ser difícil, pero siempre es útil recordar que el trabajo suele extenderse y llenar el espacio disponible. Si para vivir una aventura usas tres horas el sábado o una hora el miércoles por la noche, el correo electrónico seguirá en su sitio cuando termines. De hecho, me atrevería a decir que tendrías la misma cantidad de mensajes, hayas vivido la aventura o no. Lo mismo sucede con la mayor parte del trabajo en casa y los mandados. Lo mejor que puedes hacer es dejar que el correo electrónico y las tareas se acumulen alrededor de los recuerdos que forjes.

Otra dificultad que encontraron los participantes con frecuencia fue que su pareja u otros miembros de la familia se resistieron a la aventura propuesta o a esta idea en general. Si papá quiere llevar a la familia de paseo para ver las hojas del otoño caer y mamá quiere quedarse en casa todos los fines de semana y "no hacer nada", ¿qué sucede?

En lo que se refiere a planear aventuras específicas, tal vez sería útil tomar en cuenta las ideas que todos propongan. Una aventura combinada puede servir para considerar los deseos de más de una persona, como ir a un nuevo parque de juegos y visitar el mercado de productores locales, o un paseo en bicicleta y cenar hot cakes de calabaza.

También es sensato reconocer que los otros adultos pueden hacer lo que deseen. No tienen que participar, pero no pueden forzarte a "no hacer nada". Organiza tu aventura y lleva contigo a los niños más pequeños que no puedan cuidar de sí mismos, o llévalos a jugar con sus amigos o a alguna actividad, y tú disfruta de tu tiempo. Si creas buenos recuerdos y los compartes, los demás podrían sentirse interesados. Créeme que ese deseo de "no hacer nada" no es una profunda postura filosófica sino más bien fatiga general. En ese caso, asegúrate de que todos los adultos de la familia tengan el tiempo necesario para descansar y reponerse para que no tengan que vivir las aventuras sin energía. En el siguiente capítulo hablaremos más de este tema.

También te recomendaría conservar cierta perspectiva: una gran aventura de tres horas planeada para el fin de semana en la tarde, cuando todos hayan terminado sus juegos y prácticas, todavía te deja bastante tiempo. Entre las 6 p.m. del viernes y las 6 a.m. del lunes hay cerca de 36 horas diurnas. Incluso si los niños tienen actividades, o tú compromisos religiosos y otras cosas, te quedará tiempo libre. La pregunta es cuánto. Una gran aventura y una pequeña forman un buen equilibrio. Puedes tener un fin de semana tranquilo y, aun así, percibirlo como algo memorable.

Cómo superar tu propia inercia

En mi opinión, el obstáculo más relevante no fue el de las dificultades logísticas comunes. Los participantes aprendieron a conseguir boletos para asistir a eventos a una hora fija y a contratar niñeras para tener aventuras solo para adultos. También buscaron eventos gratuitos, si su presupuesto era limitado. Lo que sucedió, en cambio, fue que a veces imaginaron sus aventuras y las planearon, pero les costó trabajo llevarlas a cabo en ese momento.

"La inercia siempre representa cierta dificultad. Es más sencillo *no* hacer algo que hacerlo", escribió alguien.

Otra persona abordó con rapidez todas las obligaciones laborales que podrían suponer un conflicto, pero luego, llegado el momento de la aventura, sucumbió ante la tentación de "no hacer nada": "Soy una persona de hábitos, tanto, que me costó trabajo hacer algo distinto a lo que acostumbro".

Alguien más evaluó los obstáculos entre su deseo y la ejecución de la aventura, y confesó que, al final, dijo: "Mejor quedémonos en casa".

Un martes más tranquilo

Comprendo. Para el miércoles por la noche planeaste visitar y explorar con detenimiento esa atractiva tienda de artículos de pintura en un vecindario histórico cerca de tu casa, pero luego, llegó el día y te sentiste cansado y un poco hambriento, y luego notaste que tal vez habría tráfico pesado. Además, tu colega te recordó lo difícil que era encontrar un lugar de estacionamiento en esa área, y entonces te diste cuenta de que sería mucho más sencillo manejar directo a casa al salir de la oficina. El sábado por la mañana despiertas con el plan de subir las bicicletas al automóvil para hacer una excursión a un sendero con un bello paisaje sobre el que leíste. Está a solo una hora de distancia, pero nadie de tu familia parece muy motivado. Llegar allá va a exigir bastante esfuerzo, y ni hablemos de la ansiedad que puede causar cualquier nueva experiencia.

Tuve justo esta misma conversación conmigo misma una noche de febrero. Había comprado boletos para llevar a mis hijos grandes a patinar a la pista descubierta en el centro de la ciudad, era una aventura incluida en mi lista de actividades divertidas para invierno. Ese día nevó lo suficiente para que cerraran la pista durante el periodo para el que había comprado mi boleto. Los administradores prometieron que respetarían las compras y que podríamos entrar a la pista más tarde, esa misma noche, en cuanto dejara de nevar y las barredoras limpiaran la superficie. Pero, claro, eso significaba que tendría que manejar al centro por caminos resbalosos. Entonces pensé que también tendría que estacionarme en alguna calle cubierta de nieve, llevar a cuatro niños a rentar patines y luego pensar qué hacer con nuestros objetos personales. En resumen, parecía demasiado trabajo. ¿Por qué no mejor solo servirme una copa de vino y leer una revista? En Instagram sigo varias cuentas excelentes enfocadas en el minimalismo que recomendarían una noche así para cuidar de mí misma y restaurar mi energía. Además, el ambiente en mi casa era cálido y agradable, y todos se habrían conformado con ver videos en YouTube toda la noche.

Regla 6. Una gran aventura, una pequeña aventura

No obstante, sabía que lo que sentía y pensaba era mi "yo de la experiencia" hablándome en el presente. De acuerdo con el concepto que Daniel Kahneman, psicólogo ganador del Premio Nobel, popularizó con sus investigaciones, cuando pensamos en la narrativa autobiográfica que se escucha en nuestro cerebro, el "yo" en realidad es tres entidades. Está el "yo expectante" que anhelaba hacer ese paseo para ir a patinar, el "yo de la experiencia" que lo llevaría a cabo, y el "yo de la memoria" que miraría hacia atrás con emoción al recordar a los niños deslizándose a toda velocidad sobre la pista de hielo.

Aquí vemos una tensión. El yo expectante tiene la oportunidad de asumir la identidad de "la mamá buena onda que va a llevar a sus hijos a patinar sobre hielo". El yo de la memoria es al que le toca disfrutar del recuerdo. Sin embargo, quien tiene que levantarse del sofá, perderse con las indicaciones de su GPS, terminar en el paradero de autobuses sobre el estacionamiento de la pista de patinaje y pelearse con la máquina que da cambio para poder rentar los casilleros de zapatos es el yo de la experiencia. ¿No te parece que la distribución del trabajo entre los "yo" es algo inequitativa?

Como a lo largo del proceso pocas cosas generan un gozo ilimitado, satisfacer todos los caprichos del yo de la experiencia sería un error porque forma parte de un trío. Asimismo, no debería tener el poder de impedir la actividad porque, una vez que venza la reticencia inicial, es probable que el yo de la experiencia también disfrute del suceso. La gente suele ir a patinar sobre hielo porque es divertido. Para que califique como aventura, una experiencia debe ser divertida, inspiradora y significativa, o, al menos, producir una buena historia para contar en las fiestas. Todo esto vale la pena vivirlo a la par de la rutina de la copa de vino y los videos de YouTube.

Por todo lo anterior, apliqué mi truco mental favorito, el que me permite abordar todo con más facilidad: **visualízate del otro lado**.

Un martes más tranquilo

De manera abstracta, el cerebro considera que nuestro yo del futuro es un desconocido y, en general, nuestras necesidades futuras nos preocupan menos que las actuales. Sin embargo, si visualizas activamente a tu Futuro Yo, esta tendencia cambia y puedes tomar mejores decisiones. De acuerdo con algunas investigaciones, cuando la gente ve representaciones de sí misma siendo anciana, se siente un poco más dispuesta a ahorrar para su retiro.

Pero seamos honestos, no necesitas ver a años de distancia en el futuro para cambiar tus reglas en cuanto a la toma de decisiones. No es raro que lo que nos separe del yo que está al otro lado de una experiencia no sean años sino solo unas horas. La esencia de la disciplina radica en reconocer que la ligera incomodidad del presente suele ser un precio bajo a cambio de la ventaja que representará para tu Futuro Yo. Poner los pies sobre el piso frío en cuanto la alarma suena por la mañana no es nada sencillo, pero si los días anteriores ya volviste de tu carrera matutina vigorizado para la jornada, lo más probable es que tu Futuro Yo también sienta este beneficio. Solo tienes que visualizarte 45 minutos más tarde o, incluso, nada más sintiendo la exacerbación de energía que te proveerán esos 15 minutos que correrás al amanecer. Luego, levántate y sal.

Sé que la disciplina no es algo del todo divertido, pero la habilidad de imaginarte a ti mismo del otro lado de la experiencia es esencial para la felicidad y para encontrar tiempo para lo que importa, que es el objetivo central de la regla "Una gran aventura, una pequeña aventura". La felicidad suele exigir trabajo e intención, por eso en el capítulo 9 ahondaremos en el tema de la "diversión con esfuerzo". Por el momento, sin embargo, solo necesitamos recordar que forjar recuerdos requiere de la novedad o la intensidad que nos forzará a salir de nuestra zona de confort y que también podría implicar un poco de ansiedad. Si dejamos que una incomodidad menor nos disuada, nos perderemos de muchas experiencias que,

Regla 6. Una gran aventura, una pequeña aventura

en retrospectiva, nos harán sentir que escapamos del esfuerzo y que no logramos vivir una vida rica y plena.

Por todo lo anterior, aquella noche de febrero me visualicé al otro lado de la aventura del patinaje en hielo. Sabía que unas horas después estaría acostada en mi cama, calientita. Tal vez incluso regresaría a casa a tiempo para leer una revista y beber una copa de vino, si así lo deseaba. El tiempo pasa de una manera u otra, siempre pasa. No puedes detenerlo. En unas horas habría podido ir a patinar en hielo o no, pero lo más probable era que, al meterme entre las cobijas, preferiría tener el recuerdo de las luces urbanas reflejándose en el hielo y penetrando la oscuridad del cielo. Sí, la noche exigiría energía, pero, si no era para patinar con mis hijos, ¿para qué otra cosa querría conservarla?

Si quieres hacer algo, lo más probable es que te sientas feliz de haberlo realizado y, quizá, también disfrutes de vastos fragmentos de la aventura misma.

Los resultados

Sin duda, lo que acabo de describir fue lo que también sintieron los participantes de Un martes más tranquilo que se empeñaron en vivir sus aventuras. "¡Sin duda, forjamos recuerdos!", escribió una persona muy contenta. Otra dijo: "Percibo la vida como más expansiva, me siento más conectado con mi familia". Y una más: "Me siento rejuvenecido y menos amargado. Listo para enfrentar una semana de muchísimo trabajo en la oficina".

Al final del estudio y un mes después, los participantes calificaron la regla "Una gran aventura, una pequeña aventura" como una de las más benéficas, a pesar de que también se encontraba cerca del primer lugar entre las más difíciles de aplicar. Para mucha gente implicó cambios importantes en la manera de planear la semana. "Como soy muy casera, prefiero no salir, y por eso siempre termino no haciendo nada divertido. Así que he estado forzándome a elegir actividades, aunque solo sea una aventura por semana: ir a caminar con una amiga al sendero junto al canal de nuestra ciudad, ir al mercado de productores locales para comprar plantas, o asistir a un juego de beisbol al estadio para las ligas menores".

Tomar de manera consciente y activa estas decisiones hace que la vida sea mucho más interesante. En el seguimiento que realicé a un mes del estudio, una participante que dijo que esta regla era su "nuevo hábito preferido" me contó que había decidido pasar tiempo con su hija, quien trabajaba a distancia para un bufete de abogados. Por esta razón, a pesar de que no tenía mucho tiempo, viajaría con la joven a San Juan, Puerto Rico. "Volamos el miércoles y regresé a casa el domingo a medianoche, pero en esos días visitamos un sinfín de museos de arte y lugares históricos, pasamos tiempo en la playa, fuimos a una iglesia del vecindario, tomamos un ferry a otro sitio turístico, vimos bailarines de flamenco, desayunamos helado... en fin, ¡todo eso que harías con una aventurera de 26 años!". Esta participante comentó: "Creamos recuerdos maravillosos y aprendí una gran lección: incluso en periodos breves puedes vivir grandes aventuras y diversión si las planeas. ¡Inyectar un poco de emoción y novedad a la rutina cotidiana hace la vida mucho más pintoresca y divertida!".

Cuando todos los días parecen iguales, no podemos distinguirlos, pero las aventuras, aunque sean sencillas, pueden cambiar esta percepción. "Programar aventuras durante mi planeación me da una noción del tiempo. Ahora pienso en 'la semana en que hice tal o cual actividad', en lugar de en una semana que solo pasó igual que las anteriores", dijo alguien. Otro participante descubrió que "el tiempo parecía desacelerar un poco mientras yo saboreaba la diversión".

Las aventuras incluso modificaron la percepción que tenían algunos participantes de sí mismos. ¡Se volvieron aventureros! "El tiempo se extiende y la narrativa interior cambia", escribió alguien. Tal vez la vida no tiene por qué ser solo una gran batalla, quizá a la adultez no tiene por qué definirla el tedio de mirar el tiempo pasar en el reloj. Una participante se refirió a esta nueva e intrigante sensación: "De pronto fuimos el tipo de gente que hace cosas divertidas". A otro le dio gusto tener la oportunidad de "hacer espacio para incluir gozo en mi vida y en el calendario de mi familia. Es decir, ¡también puedo jugar! ¡Mi valor no depende por completo de mi trabajo! ¡También importa cómo quiero que sea mi vida!".

Claro que importa. El gozo importa, y nosotros, los amos y artistas a cargo de crear nuestros horarios, también podemos incluir hilos de diversión en la alfombra del tiempo. Esta es una razón lo suficientemente buena para planear cada semana una aventura pequeña y una gran aventura, pero a medida que se acumulen, llegaremos a conocer la razón más profunda de esta regla. Tu vida cambia en cuanto te das cuenta de que en el futuro te esperan cientos, si no es que miles de aventuras. Cada día se siente lleno de posibilidades, y esta sensación por sí misma te predispone a más aventuras. Algunos participantes notaron que en cuanto se empezaron a sentir más osados, comenzaron a decir "sí" a actividades que antes no habrían tenido cabida en la rutina de un día común. Un niño habla de ir a nadar en la noche. Si la alberca está abierta, ¿por qué no? Un rato de nado por la noche, incluso si solo te sientas en el borde mientras tu preadolescente chapotea, puede modificar la experiencia de un martes. Al contemplar el cielo de verano, las estrellas y las luciérnagas que adornan la oscuridad como pequeñas aventuras, también estás engalanando tu tiempo.

Da el siguiente paso: añade caprichos

Planear una gran aventura y una pequeña cada semana nos ayuda a sentir que la vida no es tan pesada. Sin embargo, no es la única manera de relajarnos, hay otras formas de inyectar más alegría a la experiencia cotidiana de las horas.

Una vez que te hayas acostumbrado a incluir aventuras, trata de añadir otro componente: una nota semanal de caprichos y extravagancia. La extravagancia puede ser algo lúdico y pintoresco, un comportamiento peculiar, cualquier cosa un poco tonta y rocambolesca. Pregúntate lo siguiente: ¿qué podría hacerte sonreír?

Con este objetivo en mente, en casa nosotros a menudo hacemos hot cakes de formas originales y con tintura vegetal. Los comemos en las festividades sencillas o en fiestas que, literalmente, inventamos: hot cakes verdes en forma de tréboles de cuatro hojas para el Día de San Patricio, corazones rojos para el Día de San Valentín, hombres de nieve para la primera nevada del año. En general, las festividades son geniales para los caprichos y la extravagancia. En una ocasión, para celebrar el Día de San Valentín, hicimos un peregrinaje al corazón gigante del Franklin Institute. A veces también celebramos las fiestas que inventan las empresas para promover algún tipo de comida, como el Día del Waffle o el Día nacional del Pretzel. Solo busca en internet "celebraciones de comida" y empieza a incluir tus favoritas en el calendario. ¿Por qué no empezar por el Día nacional del fondue de chocolate, por ejemplo?

Tal vez baste una pequeña modificación para que tus actividades de costumbre se vuelvan un poco más memorables. Consigue playeras iguales para que los miembros de la familia las usen en una excursión. Imprime una fotografía divertida, colócala en tu escritorio y cámbiala con frecuencia, o cuelga una estampa por fuera de la ventana de tu oficina en casa, ¡los gnomos para el jardín son el epítome de la extravagancia! Cuelga una bola de espejos tipo disco o una guirnalda de luces en algún lugar de tu casa, tal vez en un pequeño árbol de hoja perenne en un momento que no tenga nada que ver con Navidad. Consigue uno de esos libros para colorear con motivos caprichosos para adultos. Píntate las uñas de un color poco convencional, y si no

Regla 6. Una gran aventura, una pequeña aventura

quieres que todo mundo las vea, puedes solo pintarte las de los pies. Dibuja con gis algo divertido en la entrada a tu cochera. Puede ser algo como lo que hizo un participante: un tablero gigante de Serpientes y escaleras. Haz burbujas de jabón en un descanso.

Por supuesto, ninguna de estas actividades te va a cambiar la vida, pero las acciones distintas y peculiares pueden instarnos a salir del mecánico estado sin sentido que suele caracterizar nuestra vida cotidiana.

Las horas siempre se van al pasado, pero, al menos, pueden llevar consigo algo caprichoso mientras se alejan silbando.

Es tu turno:
una gran aventura, una pequeña aventura

Preguntas de planeamiento:

1. ¿Qué "grandes aventuras" te gustaría intentar el próximo mes? Menciona por lo menos tres y recuerda que solo durarán algunas horas.
2. ¿Qué "aventuras pequeñas" de una hora te gustaría probar el próximo mes? Menciona por lo menos tres.
3. Piensa en la semana pasada. ¿Viviste alguna aventura? ¿Grande o pequeña? ¿Cuáles fueron?
4. Ahora piensa en la semana próxima. ¿Qué gran aventura te gustaría vivir? Tal vez ya planeaste una, en ese caso, escribe sobre ella o presenta una idea de una aventura adicional.
5. ¿Cuándo podrías vivir esta gran aventura?
6. ¿Qué aventura pequeña te gustaría tener la próxima semana?
7. ¿Cuándo podrías vivirla?
8. ¿Qué obstáculos te impedirían realizarlas?
9. ¿Cómo podrías lidiar con ellos?

Preguntas de implementación:

1. ¿Qué gran(des) aventura(s) viviste esta semana?
2. ¿Qué aventura(s) pequeña(s) viviste esta semana?
3. ¿Qué efectos notaste en tu vida a partir de que hiciste algo fuera de lo común?
4. ¿Qué impedimentos enfrentaste al implementar la estrategia de esta semana? ¿Algo te dificultó planear o tener las aventuras que planeaste?
5. ¿Cómo lidiaste con los impedimentos?
6. Si tuviste que modificar la regla, ¿de qué manera lo hiciste?
7. ¿Qué tan probable es que continúes aplicando esta regla en tu vida?

REGLA 7
Tómate una noche

Comprometerse a la diversión implica que la diversión suceda.

Hannah Bogensberger tiene una vida muy ocupada. Trabaja tiempo completo como ingeniera de software en Seattle y, a principios de 2021, cuando hablé con ella respecto a su horario para el proyecto Un martes más tranquilo, tenía tres niños menores de seis años. Su esposo es enfermero de una unidad de cuidado intensivo, es decir, está sometido a mucho estrés todo el tiempo y, en particular, tuvo una temporada difícil en los distintos picos de la pandemia.

Todo esto podría hacernos creer que la pareja no tiene tiempo para la diversión, sin embargo, Hannah me dijo que un martes cualquiera podríamos encontrarla comiendo algo rápido al salir del trabajo, justo antes de ir en su automóvil a una cancha interior de tenis a cinco minutos de distancia. Ahí se encuentra con dos de sus hermanas, cuya presencia la hace sentirse comprometida a ir en cada ocasión, y juegan tenis y platican una hora.

En realidad, es algo muy sencillo, un trayecto de poco más de tres kilómetros, y luego llega a casa a tiempo para "lavarse los dientes, rezar y hacer con sus niños toda la rutina de irse a dormir". Sin embargo, darse esta noche solo para ella, independientemente del trabajo y las responsabilidades familiares, ha cambiado su perspectiva respecto a su agenda. Le ha ayudado a relajarse y a hacer que su tiempo sea más gozoso.

"No soy muy buena para el tenis, pero me divierto y es una actividad en la que anhelo participar", explica. La actividad física suele hacer que las personas se sientan bien, también el hecho de conversar y reírte con gente a la que has conocido desde tu infancia. Además, "estás tan enfocada durante la actividad que no puedes pensar en tu lista de pendientes ni en otros factores de estrés en tu vida". En efecto, la primera vez que volvió a casa después de vivir la tranquilidad de su sesión de tenis, su esposo le dijo: "Brillas".

Nada mal para un martes, ¿cierto?

Recientemente he pensado mucho en la manera en que Hannah describió sus martes. No porque la idea de un juego de tenis por la noche sea algo del otro mundo, sino porque la recompensa que ofrecen 90 minutos de las 168 horas que todos tenemos puede ser sustancial. Además, esta forma de divertirse es bastante accesible, ya que Hannah y sus hermanas juegan en una cancha de tenis pública. Ella y su esposo intercambian horarios para hacerse cargo de los niños, pero imagino que también sería posible llegar a un acuerdo similar con una vecina o un familiar. Si eso no es posible, también se podría contratar a alguna adolescente del vecindario para que cuide a los niños hora y media, y me parece que eso no llevaría a la bancarrota a ningún lector de este libro.

Dada toda la expectativa y el disfrute posterior al juego de tenis, cabría preguntarse: ¿por qué Hannah no había hecho esto antes? No a todos les gusta el tenis, no todos viven cerca de sus hermanos o hermanas, pero, en general, ¿por qué los adultos no se comprometen más con el equivalente de pasar una o dos horas los martes haciendo algo divertido de verdad?

Conozco las justificaciones y no me queda duda de que, en nuestros años vertiginosos, los pasatiempos y las pasiones personales suelen irse cayendo del tren y quedándose a un lado del camino. La gente a veces se da tiempo para algún tipo de diversión flexible como leer, hacer manualidades o hacer un poco de ejercicio de manera individual, y eso me parece genial. Sin embargo, comprometerse a hacer algo que implique reunirse con otras personas fuera de casa en un momento específico parece un asunto distinto por completo. Hay toda una serie de aspectos logísticos que hay que considerar y, además, está el asunto de las agendas de los otros, y la duda de si el caos no se extenderá si no nos hacemos cargo de forma activa de las responsabilidades. En fin, la vida ya es lo suficientemente complicada.

Hannah también ha pensado en esto. Antes, cada vez que consideraba incluir una actividad relajante en su vida, le parecía que el tiempo no era adecuado o que añadir algo a su horario implicaría demasiado trabajo. De hecho, incluso pensar en qué sería lo suficientemente agradable para hacerlo cada semana implicó una cantidad razonable de esfuerzo. La cancha estaba cerca, así que, viéndolo en retrospectiva, elegirla como lugar de reunión podría resultar obvio. Sin embargo, ella no había jugado tenis desde una aventura que vivió con un equipo universitario, décadas atrás. Además, sus hermanas no iban solo a aparecer como por arte de magia la tarde de un martes repleto de obligaciones. Hannah deseaba, como todos, disfrutar de la vida, pero necesitaba una estrategia sencilla y práctica que la instara a presionar para que las cosas sucedieran.

Por suerte, se inscribió en mi proyecto, y resultó que justo lo que necesitaba era el empujoncito de la **Regla 7 de Un martes más tranquilo: Tómate una noche**.

Construir una carrera y formar una familia son actividades relevantes, pero exigen muchísima energía. Para dar nuestro máximo esfuerzo, necesitamos tiempo para recargar energía, pero debemos hacerlo aparte, alejados de nuestras obligaciones. Necesitamos tiempo para hacer actividades que, como individuos, nos resulten vigorizantes de una manera intrínseca.

Por eso, cada semana tómate una noche o, si no, el equivalente en número de horas. Aléjate de la familia y de las responsabilidades, y haz algo que te haga sentir que la vida es divertida y tiene un significado.

Puedes pasar esta noche o bloque de horas del fin de semana haciendo lo que desees, pero idealmente, deberás comprometerte con una actividad como jugar en un equipo de softbol, inscribirte a un grupo teatral comunitario o, como Hannah, asistir a una reunión regular con gente específica para una actividad definida. Tu compromiso con estas otras personas te instará a no faltar, así tendrás una razón para asistir, aunque estés ocupado. Lo ideal es que esta actividad se lleve a cabo el mismo día y a la misma hora cada semana, de esa forma no tendrás que planearla en cada ocasión. Este periodo puede convertirse en "tu tiempo" oficial. No necesitas pedirle permiso a nadie ni compaginar tu horario con el de alguien más. Si es martes, entonces te toca ir a tu juego de tenis y anhelar la diversión sabiendo que regresarás a casa sintiéndote fenomenal.

No puedo dejar de insistir en las recompensas que te puede dar esta regla. Una noche para ti puede cambiar el ritmo de toda la semana. Si eliges los martes, te sentirás más tranquilo durante la rutina antes de dormir del lunes por la noche porque sabrás que se acerca una "minivacación". A lo largo de la jornada laboral del martes administrarás tu energía para tener suficiente vigor para la noche. Anticiparás los posibles obstáculos y encontrarás la manera de resolverlos con tal de no faltar a tu compromiso por razones que, en realidad, no son de fuerza mayor. Y luego, durante tu cita para la diversión, podrás enfocarte en lo que estés haciendo. Idealmente, esta actividad disminuirá el ruido de cualquier inquietud familiar o laboral, y en lugar de escuchar un pandemonio ensordecedor, solo percibirás un ligero barullo en el fondo. Al menos por un rato.

Por qué todos necesitamos una noche de descanso

Esta regla la desarrollé porque he podido constatar la diferencia que marca en mi propia vida, es algo muy similar al fulgor que el esposo de Hannah nota en ella después del juego de tenis con sus

Regla 7. Tómate una noche

hermanas. Yo adoro cantar, por eso me he formado el hábito de buscar a los coros de la comunidad dondequiera que viva. En 2002, cuando me mudé a Nueva York, me uní a tres ensambles con el objetivo de escapar de mi trabajo en casa y salir del departamento por lo menos tres veces por semana.

Tras casarme y comenzar a formar una familia, reduje mi participación a un solo coro: Young New Yorkers' Chorus. Nos reuníamos todos los martes por la noche, e imagino que, a algunos de mis compañeros del coro, sobre todo los más jóvenes y dispuestos a divertirse, les sorprendió que haya decidido participar en un concierto solo dos semanas después de tener a mi primer bebé, y que haya continuado asistiendo a los ensayos después del nacimiento del segundo. Sin embargo, en ese tiempo comprendí algo: con un departamento lleno de niños pequeños y un esposo con largas jornadas de trabajo y viajes continuos, necesitaba tiempo para mí. Los martes fueron mi "noche libre" durante cuatro años.

Cuando nos fuimos de Nueva York y nos mudamos a un área suburbana en Pensilvania, no encontré de inmediato un coro al cual unirme, pero hice otras actividades para recrear mi noche libre, como escribir ficción en una biblioteca local una noche a la semana. Luego nos unimos a una iglesia y noté que el coro sonaba mejor que los coros de iglesia comunes, así que empecé a asistir a sus ensayos. Y así, los jueves por la noche se convirtieron en mi noche para realizar una actividad desafiante que no fuera parte de mi trabajo ni de mis obligaciones maternales, sino algo distinto por completo.

Cada vez que cuento mi experiencia cantando en coros y sugiero la idea de tomarse una noche para establecer un compromiso similar, la gente da numerosas explicaciones sobre por qué a ella no le funcionaría. Y siempre, estas explicaciones me provocan curiosidad. Los niños son una excusa conveniente, pero no tiene por qué ser así, yo tengo cinco y, además, trabajo. Mi esposo también trabaja. Llegar a los ensayos no ha sido sencillo, pero es tan importante para mí que espero que mi familia me apoye. Mis niños practican karate y juegan en equipos de beisbol. Su mamá canta en un coro. Esta actividad está incluida en mis hojas de Excel, también las actividades que a ellos les interesan. Cuando mi esposo no puede cuidarlos, hacemos arreglos para que alguien más lo haga porque creo que algo que le da alegría a mi vida merece ser una prioridad financiera familiar. Me parece que también merece ser una prioridad en tu familia. En cualquier caso, si me viera obligada a manejar por siempre el mismo automóvil que he tenido por más de 10 años para pagarle a alguien que cuide a los niños y llegar a los ensayos del coro… lo haría encantada. A veces he tenido que faltar, pero también he negociado abordar un vuelo más temprano al regresar de mis conferencias para llegar a tiempo al ensayo del jueves por la noche. Cuando el trabajo se desborda, me quedo despierta hasta tarde las otras noches. Un compromiso divertido te da una razón para dejar tus obligaciones laborales una noche a la semana, y al hablar con otras personas respecto a sus compromisos personales y con la comunidad, he descubierto que muchos de sus colegas llegan a acostumbrarse a esta decisión, aunque gruñan un poco al principio.

Ahora bien, el aspecto de "una noche" de esta regla no es literal, es decir, no tiene que ser *una noche*. Si te gustaría realizar un trabajo voluntario como tutor de matemáticas los sábados por la mañana o hacer recorridos de 40 kilómetros en bicicleta con un amigo los domingos, también puedes hacerlo. La única condición es que todos los adultos en casa tengan la misma oportunidad de realizar la actividad que hayan elegido.

También señalaría que, a diferencia de las otras reglas de Un martes más tranquilo, tal vez te sea difícil implementar esta de manera inmediata. Incluso si sabes que te encantaría volver a tocar el violín en un ensamble, lo más probable es que la orquesta comunitaria de tu localidad no convoque a audiciones mañana. Sin embargo, puedes empezar de a poco. Hasta que no logres programar una audición, tal vez puedas apartar una hora para practicar el violín o inscribirte a clases.

Cuando hagas tiempo para ti, toma en cuenta tu identidad más allá del trabajo y de las responsabilidades familiares, recuerda que eres una persona intrigante y talentosa, y haz espacio para lo que te importa. Esto puede hacer que tu tiempo se sienta más disfrutable y equilibrado, y que percibas la vida menos como una rutina.

Perspectivas de los participantes: cómo encontrar lo que te hace brillar

Después de presentar esta regla les pregunté a los participantes de Un martes más tranquilo si tenían compromisos regulares para su diversión personal. Una buena cantidad ya realizaba alguna actividad, como participar en un club de lectura o de estudio de la Biblia, una clase de *fitness* o un grupo para correr, algún trabajo voluntario o una reunión regular con amigos o amigas.

"Todos los martes me encuentro con mis dos mejores amigas, vemos una película y hablamos para apoyarnos y animarnos. Esta costumbre empezó cuando estábamos en el primer año de la universidad, ¡y ya llevamos 20 años reuniéndonos!", dijo una participante.

A quienes no tenían compromisos o cuyas actividades divertidas no eran constantes ni frecuentes, es decir, algo como un club de lectura una vez al mes, les pedí que pensaran qué podrían añadir.

Aunque algunos ya tenían respuestas listas como por fin unirse a un pequeño grupo espiritual, a otros les costó más trabajo responder a esta pregunta:

- "No estoy seguro. Al contestar la encuesta me di cuenta de que necesito pensar más en qué actividad podría ser divertida".
- "En realidad no sé, creo que ese es el mayor problema: no cuándo hacerlo, ¡sino qué hacer!".
- "Me cuesta trabajo incluso entender que necesito una noche libre, o sea, un tiempo que no sea para trabajar".

La gente hizo lluvia de ideas y, a medida que pasó el tiempo, las respuestas se fueron convirtiendo en listas zigzagueantes: "Lo primero que se me ocurre es una clase presencial de barra de ballet que, quizá, me sería más fácil tomar en la mañana que en la noche. O quizá sería divertido unirme a un grupo de tejido. Ah, y también me gustaría volver a remar pronto. Empecé en 1999 y solo hice un par de pausas en 2018 porque me embaracé de mis gemelos y...".

Cuando la gente lleva una vida muy ocupada, no suele pensar en lo que le gustaría hacer con su tiempo, y por eso le cuesta trabajo la primera vez. Claro que vale la pena anotar todas las respuestas, todas las posibilidades, y pensar en las actividades extracurriculares que hiciste en la preparatoria, en la universidad, o cuando eras más joven. Tal vez encuentres opciones para volver a intentarlas. Puedes informarte, investigar, preguntar a tus amigos. Puedes probar cosas distintas para ver si algo te agrada, como una clase de gimnasia para adultos que dure cuatro semanas, o un periodo de voluntariado en que puedas ver si valdría la pena formar parte de una organización a largo plazo. De todas formas, no necesitas tomar una decisión apresurada ni permanente.

Si te das seis meses para establecer tu nuevo compromiso, estoy segura de que encontrarás algo que desees hacer. Incluso podrías dar inicio a un proyecto porque, sí, me da gusto informarte que algunos nuevos clubes de lectura y eventos sociales entre amigos, parecidos a la reunión de Hannah para jugar tenis, ¡les deben su existencia a los participantes de Un martes más tranquilo!

La diversión no tiene por qué ser flexible

Cuando los participantes reflexionaron sobre esta pregunta, varios presentaron ideas que no tenían un marco específico temporal, o que se podían realizar en casa. Eran actividades como practicar yoga con videos o darse un baño de burbujas. Una persona fantaseó con

Regla 7. Tómate una noche

ver un programa de televisión "sin sentirme culpable por no hacer los quehaceres". Alguien más quería pasar tiempo arreglando su casa para que fuera más acogedora. La gente mencionó cocinar, bordar o solo pasar tiempo sola: "Cenaría viendo algo en Netflix, ¡sin niños alrededor!".

Todas estas son maneras agradables de pasar ciertas horas. Sin duda, pueden funcionar a corto plazo para darse un descanso y olvidarse de las obligaciones familiares y laborales. Las madres y los padres solteros, así como quienes estaban en confinamiento cuando se realizaron las encuestas, tenían razones prácticas que justificaban su deseo de que la diversión fuera más flexible.

No obstante, yo refuté esta idea de que, siendo padre soltero o teniendo una carrera exigente, se tuviera que elegir diversión flexible. No tiene por qué ser así. Ensayar a las 7 p.m. en punto todos los jueves en un lugar específico no tiene nada de flexible, pero *no me importa*. El problema de permitir que tu diversión sea flexible es que empieza a depender de que la demás gente acepte, o no, que hagas algo más. Puedes tomarte la noche... siempre y cuando no haya mucho trabajo. Puedes tomarte la noche... siempre y cuando tu cónyuge no necesite trabajar hasta tarde. Puedes tomarte la noche... siempre y cuando tu hijo no tenga una práctica de futbol extraordinaria o tu hija no quiera que la lleves al centro comercial. ¿En qué puedes basarte para argumentar? El video de yoga lo puedes hacer en cualquier momento, ¿no? Y la tina no se va a ir a ningún lado. Así pues, toma en cuenta que con este tipo de actividades corres el riesgo de que tu noche se transforme en un turno más para ser chaperón o chaperona.

El problema de negociar es que, con las cosas que pueden suceder "no importa cuándo", existe la curiosa tendencia a que "no importe si suceden". O, al menos, no sabes cuándo sucederán, y por eso va a ser difícil que las anheles. Es decir, no puedes concentrar tu energía para que sucedan, y eso significa que en lugar de ver el video de yoga cuando se presente la oportunidad, enciendas el canal de remodelaciones y consejos para la limpieza del hogar.

En cambio, si tu cuarteto de cuerdas ensaya todos los martes a las 7:30 p.m., este espacio formará parte de tu agenda de manera permanente. Tarde o temprano, todos los demás adecuarán sus expectativas a este hecho. Tú cubres a un colega el lunes y él te cubre a ti el martes. Tú organizas tu semana de tal suerte que cualquier tarea que tenga como fecha límite el miércoles, esté terminada a las 6 p.m. del martes. Si tu cónyuge organiza una cena de trabajo el martes, sabe que deberá hacer los arreglos necesarios para que alguien más cuide a los niños o, si tú eres quien se encarga de eso, deberá avisarte con tiempo para que encuentres a alguien disponible. La hija que siempre quiere que la lleves al centro comercial sabrá que no deberá pedirte que lo hagas el martes a las 7 p.m. porque tu respuesta será negativa. Uno de los participantes de Un martes más tranquilo escribió: "He aprendido que, cada vez que estableces y reclamas un tiempo, las cosas se acomodan de manera natural para respetarlo. Así que, en lugar de tratar de eliminar todas las actividades y luego programar la tuya, primero reclama ese tiempo y todo lo demás se acomodará".

Perspectivas de los participantes: cómo superar los impedimentos logísticos

Una vez que hayas decidido tomarte una noche, podrás aprovechar algunas estrategias que te ayudarán a cumplir con tu compromiso incluso si tus niños son pequeños, si tu horario de trabajo es intenso, o ambos.

1. Cubre a alguien más.

    En las familias con dos padres y niños pequeños, la manera más práctica de abordar esta regla es que cada padre cubra

Regla 7. Tómate una noche

al otro en su noche libre. Una oferta de intercambio equitativo es, quizá, el mejor modo de que tu pareja se sume a esta idea.

"Mi pareja y yo estuvimos de acuerdo en que ambos deberíamos tener una noche libre para hacer algo divertido. Él toma el miércoles para salir a hacer recorridos en bicicleta con sus amigos y yo tomo los jueves para practicar taekwondo —dijo una persona—. Anotamos estas actividades en la agenda y no programamos nada que pueda traslaparse con ellas a menos de que sea absolutamente necesario. Si tenemos que programar algo más, nos aseguramos de liberar otra noche para la persona que tendrá que perder su noche original", agregó.

Alguien más, cuya pareja cantaba en un coro los lunes, señaló: "Es genial que ambos tengamos un compromiso semanal. Nos ayuda a respetar el calendario del otro y nos insta a no cancelar algo que hace nuestra vida más plena y rica". Un intercambio directo no solo es justo, también es lógico, ya que cualquier relación a largo plazo será más satisfactoria si ambas partes se sienten apoyadas para hacer algo que les ayudará a ser mejores personas. Además, todos estarán más felices si ambos pueden tomarse un verdadero descanso.

Claro, no todos los participantes tenían una familia así o una pareja convencida de aplicar esta regla. Una persona cuya pareja era una persona "hogareña a morir" dijo que llegaron al acuerdo de que cada uno tendría un bloque de tiempo. Si a quien le gustaba quedarse en casa decidía hacer un proyecto individual en el hogar, tendría la libertad de hacerlo. En este caso, para aprovechar de verdad la esencia de esta regla, quien cubra al otro en el cuidado de los niños deberá *sacarlos de casa* en el bloque de tiempo designado para que quien se quede pueda gozar del silencio.

2. Contrata a alguien que te ayude.

Hacer un intercambio es lo más sencillo, pero si tienes una pareja con un horario de trabajo intenso o impredecible, la segunda mejor opción es contratar a alguien para que cuide a tus niños de manera regular en tu noche libre, lo cual te da una razón más para comprometerte. La mayoría de la gente no se toma la molestia de contratar a alguien para algo que puede ser flexible, así que solo da por hecho que tu pareja no estará en casa y asegúrate de organizar todo de forma adecuada.

Algunos participantes del estudio que consideraron esta opción dijeron que se sintieron culpables, pero dejemos algo claro: en una familia con dos padres, el cuidado de los niños se divide por defecto en 50/50. Si tu pareja no está disponible para cumplir con este acuerdo, entonces el pago de una noche de cuidado infantil *no es para cubrirte a ti*, sino para *cubrir a tu pareja*. Si él o ella no siente culpabilidad por no estar presente, ¡menos deberías sentir culpa tú! El cuidado de los niños cuesta dinero, pero insisto, si las exigencias laborales le impiden a tu pareja distribuir de manera equitativa esta actividad, entonces imagino que ese trabajo intenso compensa a tu pareja de forma adecuada y suficiente como para pagarle a alguien que sí pueda cuidar a los niños. Asimismo, creo que tu salud mental bien vale parte de esta compensación.

¿Qué sucede si tú eres quien tiene un horario laboral intenso o impredecible? Anima a tu pareja a tomarse una noche y ayuda a hacer los arreglos para cubrirla en el cuidado de los niños. Luego revisa tu agenda y averigua cuándo podrías tomarte unas horas tú también. Si las noches entre semana son más bien fragmentarias, piensa en una sesión temprano por la mañana el fin de semana. Si has tenido que viajar de lunes a viernes, tal vez te convenga elegir el domingo en lugar del sábado porque tu pareja seguramente querrá que la cubras ese día por la mañana, a menos de que también decidas contratar a alguien para ese espacio.

3. Encuentra lo predecible en lo impredecible.

Sé que algunos empleos dificultan que adquieras compromisos entre semana, y es comprensible que eso sea parte del acuerdo. Sin embargo, hay ciertas estrategias creativas y colaborativas que podrían cambiar esta situación.

Desde hace mucho tiempo me ha intrigado el concepto del "predecible tiempo libre" descrito en el libro *Sleeping with Your Smartphone* de Leslie Perlow. Una empresa de consultoría implementó una política en la que todos los miembros del equipo podían planear una noche libre con anticipación. Una noche sin tener que atender clientes, sin correos electrónicos, sin llamadas. De cierta forma, parecía extraño porque, en general, los consultores acuden a los sitios donde están sus clientes de lunes a jueves, así que, ¿qué se suponía que harían esa noche? ¿Quedarse sentados en su habitación de hotel? A pesar de todo, el programa tuvo efectos positivos. Los consultores encontraron gimnasios en las ciudades de sus clientes y pudieron asistir a clases regulares de *spinning* el martes por la noche o programaron citas regulares para llamar a amigos. De hecho, es posible imaginar que hay todo tipo de actividades regulares como espectáculos o eventos religiosos. En fin, cualquiera de estas opciones puede ayudar a percibir la vida de una manera más sostenible que si se pasara la noche revisando la bandeja de correo electrónico.

A pesar de ser una gran idea, la idea de Perlow no ha despegado del todo, sin embargo, yo señalaría que el aspecto "impredecible" de algunos empleos todavía podría ser hasta cierto punto predecible. Un participante de Un martes más tranquilo que tenía un horario fluctuante no podía pedir la misma noche libre cada semana porque eso "provocaría la ira de mis colegas". Sin embargo, esta organización diseñaba su calendario de turnos con dos meses de anticipación, por lo que era posible mirarlo, ver qué noche quedaba libre con más frecuencia, y luego buscar una clase o actividad para ese momento. "Sé que no podré asistir a todas las clases, pero no hay problema", escribió el participante. Valía la pena intentarlo.

4. Aprovecha el apoyo de la comunidad.

Como les sucede con todo en general, las madres y padres solteros enfrentan más obstáculos para tomarse una noche libre, sin embargo, en este caso la protección de la salud mental es aún más importante. Una noche de cuidado infantil pagado, o incluso algunas horas los sábados, puede ser la diferencia entre un *burnout* o agotamiento total, y la posibilidad de continuar teniendo energía para trabajar. Si no es posible contratar a alguien, se puede hacer un intercambio con un amigo o amiga, vecino o familiar, y también se pueden buscar actividades adecuadas a la situación. Algunos gimnasios, por ejemplo, cuentan con cuidado infantil. También ciertos templos ofrecen este servicio para cuando los padres asisten. O quizá puedas buscar algo que te agrade hacer mientras tus niños están ocupados. Puedes tomar una clase de pintura al mismo tiempo que tu hija toma su clase de ballet. Un incipiente jugador de tenis escribió: "Mi hijo ya tomaba una clase a la misma hora que la que ofrecían para adultos principiantes, ¡así que pensé que no le afectaría a nadie que me inscribiera! Como de todas formas yo suelo ser quien lo lleva a la clase, en lugar de dar vueltas en el parque o deslizar la pantalla de mi teléfono mientras él estaba ocupado, ¡decidí aprender algo nuevo!".

Hay un millón de actividades infantiles, siéntete libre de enfocarte en las que te ofrezcan la maravillosa oportunidad de hacer algo al mismo tiempo.

Perspectivas de los participantes: superar los impedimentos emocionales

Más allá de los obstáculos prácticos para implementar esta regla, algunas personas se encresparon ante la idea de "atiborrar" más su vida. "En mi tiempo libre prefiero no comprometerme a nada que se lleve a cabo con regularidad porque no me agrada la idea", dijo alguien. Otros no deseaban "añadir más trabajo".

Sé que está de moda hablar del exceso de compromisos que ya tenemos casi todos, y que deberíamos decir "no" con más frecuencia, y estoy de acuerdo, a veces es cierto. No obstante, si la gente se siente comprometida en exceso es porque su agenda está repleta de actividades en las que *no* quiere participar. Concuerdo en que deberías eliminar de tu calendario tantas como puedas si son de este tipo. Tal vez no puedas escapar a todas desde mañana, pero si te lo propones, en seis meses podrías dar fin a esos compromisos.

No quiero que nadie se sienta drenado o exhausto, esta regla se refiere a compromisos que en verdad te emocionan a un punto inefable. Hablo de sentirte tan resplandeciente como Hannah al terminar su juego de tenis semanal o como yo cuando logro dominar una intrincada melodía de Poulenc. Me gustaría pensar que, si te dieras seis meses para averiguar lo que deseas hacer, encontrarías *una actividad especial* en este enorme mundo. Permite que tu energía te guíe. Si algo te hace sentir agotado, significa que no vas en la dirección correcta. Si cada vez que piensas en tu compromiso del martes te emocionas, ¡vas por buen camino!

En cualquier caso, los compromisos semanales no exigen una cantidad enorme de tiempo, y comprender esto podría ayudarte a contrarrestar tu preocupación respecto al agotamiento. Cada semana, Hannah pasa alrededor de hora y media en su juego de tenis. Si sales de casa a las 6:45 p.m. para un ensayo a las 7 p.m., y regresas a las 9:15 p.m., estamos hablando de dos horas y media en una semana de 168.

Analizar las cifras también podría ayudarte con el tipo de culpabilidad que sintieron los participantes cuando por fin se atrevieron a tener intereses más allá del trabajo y la familia.

Un profesor escribió: "Por lo general extraño ver a mi hijo dos veces por semana cuando tengo que trabajar hasta tarde y transportarme durante una hora porque regreso de un campus más alejado. Por esta razón, no quiero perderme de una noche más con él solo para tener tiempo 'para mí'. Me siento culpable de no pasar tiempo con él —explicó—. No obstante, gracias a que he registrado mis actividades, sé que paso más tiempo a su lado de lo que muchas mamás que trabajan pasan con sus niños, así que debo superar esta culpabilidad. Creo que también podría establecer límites más claros en mi trabajo", dijo.

Yo señalaría que es posible ser más flexible contigo mismo en otros aspectos de la vida. Una persona que trataba de explicar por qué esta regla no le funcionaría, dijo tener una semana repleta de quehaceres: "El lunes me enfoco en la cocina, el martes en lavar ropa, el miércoles arreglo la cochera. En fin, si me tomara una noche libre, mi horario se convertiría en un caos". Sigo intrigada, no sé qué tipo de caos se produciría si la limpieza de la cochera se hiciera más temprano o, sencillamente, no se hiciera. Si descubres que piensas de esta manera, trata de encontrar una actividad que te apasione tanto que no te importe que la cochera permanezca un poco desordenada.

Estoy a favor de deshacernos de cualquier culpabilidad innecesaria, pero cuando analicé las respuestas de quienes más insistían

Regla 7. Tómate una noche

en que la regla no les funcionaría, descubrí algo más pernicioso que un simple reproche: **algunas personas están profundamente convencidas de que sus familias o sus colegas en la oficina no funcionarían si ellas no estuvieran presentes**.

Esta creencia suele presentarse como un lamento porque la gente no tiene tiempo para sí misma, sin embargo, cuando insistes en conocer las razones, la verdadera razón surge de inmediato.

Una participante de Un martes más tranquilo se lamentó así: "¿Qué caso tiene tomarse una noche para divertirse si regresando a casa voy a encontrar el fregadero desbordante de platos?". Otros dijeron que su pareja era incapaz de acostar a sus niños pequeños porque eran varios. O que era imposible encontrar niñeras responsables.

Los que se justificaron con el trabajo, dijeron que ningún asistente estaba calificado para hablar en lugar de ellos en su ausencia, que no podían confiar en que sus colegas sabrían atender a tal cliente, y que era imposible encontrar empleados eficientes en la actualidad.

Cierto, nadie es perfecto, pero en esencia, todos estos pretextos son arrogancia disfrazada. O temor, que es el otro lado de la moneda. Estas personas se aferran a la idea de: *solo yo puedo hacer lo que hago. Sin mí, todo se derrumbaría*. La versión de quienes tienen temor es: *si permito que se constate que las cosas no se derrumbarán, ¿entonces qué sentido tiene mi existencia?*

El sentido de nuestra existencia radica en que somos seres humanos con un valor inherente e independiente de todo lo que hacemos. Pero somos afortunados porque la idea de que todo se derrumbará sin nosotros es falsa en un sentido casi universal. Todos hacemos algo bien de una manera única, sin embargo, el mundo seguirá girando a pesar de nuestra ausencia. Si se vieran forzados a hacerlo, nuestra familia, los colegas y los amigos se las arreglarían sin nosotros.

Esto es especialmente cierto en el caso de las situaciones más comunes. Tarde o temprano, los niños se irán a dormir, los platos sucios tendrán que lavarse en algún momento porque, de lo contrario, la gente comería en platos de cartón. Los colegas averiguarán lo que haces y cómo, o, si no, encontrarán otra manera.

De igual modo creo que esto es aplicable para situaciones más complicadas. Algunos de los participantes de Un martes más tranquilo se hacían cargo de miembros de su familia que sufrían de enfermedades con un nivel de complejidad importante, para las que el cuidado permanente es esencial. Y, sin embargo, como medida de seguridad, también es fundamental que el bienestar de otra persona no dependa por completo de alguien que pueda enfermarse, o a quien podría sucederle algo aún peor. Si desaparecieras de forma irremediable, tu familia y tu comunidad verían la manera de seguir funcionando... así que es innegable que puedes encontrar la solución que te permita darte un respiro de dos horas el martes por la noche.

Estar dispuesto a olvidarse de la narrativa de que *nadie funciona si yo no estoy* puede ser liberador. Para empezar, te permitirá explorar pasatiempos disfrutables que exigen tu compromiso y tu presencia, punto esencial de esta regla. El siguiente punto es que otras personas pueden incrementar la capacidad de alguien de manera sustancial. Tu pareja hará las cosas de una forma distinta y, vaya, eso es genial. A tus empleados se les ocurrirán ideas asombrosas. Tu comunidad podría apoyarte cuando enfrentes situaciones difíciles en la vida. Si no tenemos que controlar las situaciones minuto a minuto, podemos sentirnos más tranquilos, así que vale la pena cuestionar ciertas ideas prefabricadas.

Los resultados

Con el paso de los años, tomarte una noche podría modificar la manera en que percibes el tiempo. Un participante dijo en la encuesta que esta regla había sido una tradición familiar desde que su

Regla 7. Tómate una noche

hijo, ahora adolescente, solo tenía seis meses. Después de la hora de la cena, cada padre tenía o un lunes y un miércoles, o un martes y un jueves, "libres". "En cuanto limpiábamos la cocina, uno hacía la rutina nocturna con el bebé y el otro podía ir a explorar la biblioteca poco más de una hora, hacer algunos tiros en el campo de golf, visitar una cafetería, dar un paseo en bicicleta, etcétera. Solo era una hora y media, aproximadamente, pero nos cambió la vida en nuestros primeros días como padres".

Los participantes que probaron tomarse una noche se dieron tiempo para todo tipo de actividades divertidas. Una persona pasó varias horas fotografiando flores recién florecidas en la primavera, otra dedicó su noche a la escritura creativa. Resulta interesante que, después de tomarse una primera noche, a varios se les ocurrieron actividades de mayor complejidad a las que podrían comprometerse. "Fui a tomar un café con una amiga. ¡Fue muy agradable conversar con otro adulto! —escribió alguien—. Decidimos iniciar juntas un club de lectura con reuniones regulares". Alguien más que se tomó dos horas para tocar música terminó inscribiéndose a un curso.

Varias personas modificaron la regla. Alguien que ya tenía quién le cuidara a los niños, empezó a tomar un descanso mucho más largo para el almuerzo, una vez a la semana. En todo caso, el simple hecho de tener este tiempo le cambió la perspectiva a la gente. "Con frecuencia me da la impresión de que todos los demás controlan mi tiempo. Esto me ayudó a sentir que yo podía decidir qué hacer con él, aunque fuera solo un poco —escribió alguien—. También espero que esta actividad se convierta en una cita fija que pueda esperar con emoción en la semana".

Esta expectativa animó a muchos. "Tuve una sensación de esparcimiento y relajación que duró varios días —dijo alguien más—. Solo tomé una hora, pero fue grato hacer planes solo para mí: ir a un parque cercano, ponerme al día con un amigo y hacer un poco de ejercicio. Cuando volví a casa me sentí renovado".

Tomarnos unas horas nos recuerda que podemos ejercer control sobre nuestros horarios. "Ahora veo los beneficios de planear más actividades para mí. Creo que antes confiaba en que otros me ofrecerían oportunidades, pero hacerme cargo e incluir en mi calendario mensual un poco de diversión para mí mismo me animó mucho". Cada vez que sentimos que "la vida es algo más que el trabajo, los quehaceres y hacerse cargo de todo", como lo expresó alguien, recordamos que tenemos la posibilidad de decidir. Alguien más señaló: "Me siento más yo cuando hago algo que disfruto y mi única responsabilidad soy yo mismo. También es divertido verme avanzar en mis pasatiempos".

Esta sensación de progreso es una de las mejores razones para convertir una actividad divertida en un compromiso. Pasar varias semanas aprendiendo una pieza musical difícil y que su exigente belleza se filtre en tu cerebro produce una alegría muy profunda. Una clase regular de pintura puede dar como resultado una serie de varios cuadros terminados. También podrías sentir la emoción de presentar la obra que has estado ensayando con el grupo comunitario de teatro. Tu equipo de softbol gana el campeonato. ¿Qué podría ser más divertido que eso?

Los beneficios sobrepasan los obstáculos

Sé que esta regla no es sencilla, sé que exige que la gente cuestione sus suposiciones; la he enseñado lo suficiente para saber que es estricta. En el seguimiento a un mes del final del estudio Un martes más tranquilo, los participantes la catalogaron como la más difícil de implementar, sin embargo, también hubo evidencia de que sus beneficios se acumularon. En la encuesta les pregunté a los participantes si se habían tomado algunas horas "solo para ellos". Un prometedor 64 por ciento dijo que, en la semana que se implementó esta regla, se tomaron una noche alejados de las responsabilidades familiares y laborales. Para cuando fue el seguimiento, un mes después de terminar, hubo un aumento de 12 por ciento en relación con el momento de inicio del estudio.

Incluir en tu calendario unas horas solo para ti... toma tiempo, pero vale la pena.

Cuando nos dedicamos de manera regular a algo que nos encanta, descubrimos que el tiempo puede ser elástico. Se estirará para que realicemos lo que en verdad queremos incluir en él, así que no es necesario ahorrarlo por aquí y por allá para construir la vida que queremos. En lugar de eso, debemos diseñar una vida que tenga espacio para lo que nos imbuye energía, y descubrir que tenemos tiempo para hacer mucho más de lo que pensábamos.

Esto es algo que noté en particular cuando entrevisté a Kathleen Paley para el podcast "Best of Both Worlds". Kathleen es abogada, tiene un importante bufete en Washington, D.C., y es madre de dos niños. En algún momento se sintió exhausta debido a todas sus responsabilidades y atravesó esa oscura etapa que todos hemos vivido, cuando "el trabajo y la familia te drenan... Y entonces, como individuo, necesitas dejar que todo pase a un segundo plano por algún tiempo". No obstante, Kathleen también señaló: "Pero esto no es sostenible a largo plazo".

En lugar de disminuir la calidad en su adorada carrera o de hacer las cosas sin ganas en casa, la abogada decidió enfocarse en su energía. "Con frecuencia, cuando nos sentimos agotados no es porque a nuestro cuerpo le haga falta energía, sino porque nuestra mente necesita un cambio", dijo.

Por todo lo anterior, Kathleen atacó la fatiga dedicándose a un tema que le había interesado desde mucho tiempo atrás: el desarrollo local y el crecimiento económico. Empezó a trabajar como voluntaria para The Fairfax City Economic Development Authority y, después de algún tiempo, fue más allá con este compromiso. Para encontrar espacios, analizó el resto de sus horas. Notó, por ejemplo, que casi todas las noches, cuando sus niños se iban a dormir, veía televisión con su esposo un buen rato. A pesar de que solo era una hora, se dio cuenta de que el tiempo que pasaba sin hacer nada frente a la pantalla le quitaba energía y que esas noches en realidad no hacía ni lograba nada. Entonces recortaron este hábito a dos horas por semana y, con el tiempo que ganó, descubrió que podía hacer otras actividades vigorizantes como trabajar en la incubadora para pequeños negocios de su ciudad y ayudar a organizar la Semana del Restaurante. Con el tiempo, votaron por ella para que fuera la nueva presidente de esta organización de desarrollo, y este nuevo puesto le permitió marcar una diferencia aún más importante. "Es maravilloso ver que el lugar donde vives se fortalece y se vuelve más emocionante", dijo.

Cuando te tomas una noche, el beneficio no es solo para ti. Al menos, ese fue el caso de Kathleen, quien usó el tiempo para realizar un trabajo voluntario, y de quienes aprovechan su noche para hacer algo más personal. Al renovarnos obtenemos más energía para enfrentar nuestras responsabilidades y podemos sentirnos más tranquilos porque sabemos que nuestro espíritu se nutrirá.

Da el siguiente paso: tómate un día

Tomarte una noche significa hacer un compromiso con algo diferente a tus responsabilidades laborales o familiares. Una vez que hayas establecido que en ambos entornos la gente puede funcionar aunque no estés, deberás intentar algo más difícil aún: tomar todo un día para ti.

No me refiero a que pases todo el día en un evento especial en un campo de golf o en un spa, aunque, si eso te hiciera feliz, valdría la pena incluirlo en tu agenda. Me refiero a tomarte un día para

Regla 7. Tómate una noche

que te cuestiones y formules preguntas relevantes respecto a cómo quieres que sea tu vida.

Joan Dunlop, alergóloga e inmunóloga pediátrica, ha construido su vida de una manera poco convencional. Después de pasar nueve años dedicándose principalmente al cuidado de sus hijos, decidió volver a estudiar y a llevar a cabo un entrenamiento médico de subespecialización. Asimismo, Joan ha realizado retiros breves para evaluar la forma en que pasa su tiempo y cómo le gustaría que se viera su calendario. A veces ha estado medio día en una cafetería, y en otras ocasiones pasa un día en un hotel local. Analiza cinco esferas de su vida: su matrimonio, su salud espiritual, sus hijos, su trabajo y su salud física. Redacta listas de lo que está haciendo en cada área, en qué etapa de la vida se encuentra actualmente y qué cambios le gustaría efectuar.

Sus días de retiro personal le han dado espacio para pensar cómo abordar las situaciones de manera estratégica. En sus primeros años como mamá, por ejemplo, trabajaba un día a la semana en una sala de emergencias para continuar practicando sus habilidades médicas. Cuando sus niños crecieron un poco, se dio cuenta de que podría destinarle a su trabajo un poco más de espacio en su mente. Como en ese momento trabajaba medio tiempo, la forma más evidente de aumentar la actividad habría sido trabajar tiempo completo. Sin embargo, notó que, en el entorno de una sala de emergencias, trabajar más horas solo significaba trabajar más tiempo haciendo lo mismo, y ella no deseaba este tipo de expansión. Por eso prefirió aprovechar su espacio mental para prepararse de otro modo como alergóloga e inmunóloga —especialidad con la que ya tenía bastante contacto a través de uno de sus propios hijos— y, después de muchos años de inactividad, ahora trabaja en un centro médico académico y se enfoca en la investigación en este campo.

Joan sugiere que todos nos tomemos días de retiro. "Reflexionar evita que hagas lo siguiente solo porque es lo que tienes enfrente.

Un martes más tranquilo

Si no tomas tiempo para planear ni piensas ni evalúas cómo quieres pasar tu tiempo, no despertarás un día de repente sin pendientes, solo harás lo mismo que todos los que te rodean", explica. Si eres abogado, estarás trabajando como loco para llegar a ser socio de un bufete. Si eres padre o madre y te dedicas al hogar, asumirás el liderazgo de la asociación de padres de la escuela. Pero ¿es la decisión correcta?, ¿es lo que deseas hacer? Un día de retiro puede ayudarte a averiguarlo.

Además, señala Joan, "los días de retiro evitan que esté demasiado angustiada en mi vida diaria porque, si el proyecto de escritura no va bien, por ejemplo, mi mente de inmediato piensa: 'Tal vez no debería tratar de *hacerla en grande* en una carrera tan difícil. ¿Y si uno de mis hijos hace un comentario fuera de lugar porque quiere que asista a un evento al que no puedo ir?'. Empiezo a cuestionar mis prioridades". No obstante, Joan sabe que tiene su día de retiro para pensar con regularidad en lo que desea y que, en el momento, puede hacer a un lado estas preocupaciones. Más adelante tendrá oportunidad de pensar en el panorama general de la asignación de su tiempo.

Si te cuesta trabajo tomarte una noche, un día entero podría ser aún más difícil, pero eso no significa que no sea posible. Podrías pedirle prestada su casa a un amigo o amiga mientras está de viaje. Si te parece imposible tomarte un día entero, prueba medio día. En lugar de ir a trabajar en la mañana, tómala para arreglar tus asuntos personales y ve a otro sitio algunas horas. Si el clima es propicio, puedes ir a un parque, si no, a una biblioteca. Piensa con anticipación en las preguntas que te gustaría hacerte y planea tu día para aprovecharlo bien. No te estoy prometiendo que tendrás grandes epifanías, pero es obvio que es difícil reflexionar cuando estamos atrapados en la logística cotidiana. Un día de retiro nos da espacio y, a veces, eso es todo lo que necesitamos.

Regla 7. Tómate una noche

Es tu turno:
tómate una noche

Preguntas de planeamiento:

1. Fuera del ámbito laboral y familiar, ¿tienes algún compromiso para realizar una actividad divertida solo para ti con regularidad? Me refiero a asistir a un club de lectura, los ensayos de un coro o un juego de golf semanal.
2. Si aún no tienes un compromiso divertido solo para ti, ¿qué te gustaría hacer con tu noche libre o el equivalente en tiempo que tengas durante la semana? Si ya tienes un compromiso de este tipo, ¿hay alguna actividad que te gustaría añadir para tener en tu agenda algo divertido que hacer cada semana?
3. Si en este momento no te estás tomando una noche solo para ti, ¿qué necesitarías para hacerlo? Si ya te tomas una noche, ¿cómo lograste hacer este espacio en tu vida?
4. ¿Qué te impediría tomarte una noche libre?
5. ¿Cómo podrías enfrentar este obstáculo?

Preguntas de implementación:

1. ¿Esta semana te tomaste algunas horas para alejarte de las responsabilidades del trabajo y la familia? ¿Qué hiciste?
2. Si no te tomaste una noche u otro bloque de tiempo la semana pasada, ¿tienes idea de lo que podrías hacer si tuvieras una noche libre en las semanas por venir?
3. ¿Qué efectos notaste al tomarte una noche o, al menos, algunas horas solo para atender tus intereses?
4. ¿Qué impedimentos enfrentaste al tratar de tomar tiempo solo para ti?

5. ¿Cómo lidiaste con ellos?
6. ¿Modificaste la estrategia? De ser así, ¿cómo lo hiciste?
7. ¿Qué tan probable es que continúes aplicando esta regla en tu vida?

TERCERA PARTE

Desperdicia menos tiempo

Hábitos para generar más espacios de restauración

¿Alguna vez te ha sucedido? Llegas a tu empleo listo para trabajar toda la mañana y acabar una tarea prioritaria, pero primero necesitas hacer un poco de papeleo, y luego llega una tormenta de correos electrónicos sobre otro proyecto, y cuando te das cuenta, ya es hora de la reunión de las 10:30 a.m.

O, quizá, el fin de semana tienes una hora o dos antes de que alguien necesite estar en algún lugar. Los niños están tranquilos y en silencio, subes por un libro, pero recuerdas que antes necesitas ordenar baterías, así que tomas tu teléfono y lo haces. Entonces aprovechas para mirar rápido las alertas de las noticias, y de pronto, ya solo quedan 10 minutos antes de que debas subir a todos al automóvil.

Es muy sencillo perder tiempo, pero me gustaría aclarar a qué me refiero con esta frase. Hace poco renté una casa de Airbnb por un fin de semana, y en ella vi un letrero que les aseguraba a los huéspedes: "El tiempo que perdiste y disfrutaste, no fue tiempo perdido". El letrero estaba ilustrado con unas pequeñas nubes. Este mensaje, apropiado para una granja en un valle rodeado de montañas cubiertas de los colores del otoño, transmitía la idea de que pasar el tiempo contemplando el cielo es una manera adorable de ver las horas correr, y estoy de acuerdo en ello. Permitir que tu mente vague mientras te meces en una hamaca puede restaurar la serenidad, y esa es una tarea sumamente productiva. El tiempo que pasas haciendo algo que te parece significativo tampoco es tiempo perdido, incluso si el resultado no es del todo lo que esperabas.

Yo defino el tiempo desperdiciado como todos esos minutos, horas o incluso días que pasamos haciendo, sin siquiera pensar, tareas que no nos interesan. Si consideramos esta definición, entonces muchos desperdiciamos cantidades inefables de tiempo haciendo cosas que no se parecen en nada a mirar las nubes pasar en el cielo. Lo que podría ser una hora de trabajo creativo bien enfocado lo fragmentamos respondiendo un correo electrónico que pudo haber esperado. O, bien, lo que pudo ser 20 minutos meciéndonos en una hamaca lo desperdiciamos leyendo las respuestas al comentario que publicó una conocida de la secundaria en la fotografía del desayuno de alguien más. Nuestra vida terminará algún día, y aquí estamos, haciendo cosas intrascendentes y permitiendo que el tiempo gire en espiral y se vaya por el caño.

Es muy sencillo perder tiempo sin darnos cuenta, pero no tenemos por qué dejar que se lo lleve un remolino de agua sucia. Las últimas dos reglas de Un martes más tranquilo son sobre cómo desperdiciar menos tiempo en cosas que no merecen lo mucho que nos enfocamos en ellas. Llenar la vida primero de las actividades relevantes es de por sí bueno, pero comprimir el espacio disponible para las tareas triviales nos permite generar una sensación de abundancia. Si cambiamos los fútiles hábitos que tenemos para el tiempo libre, podemos aprovecharlo de maneras más disfrutables. Incluso podríamos empezar a sentir que tenemos más tiempo libre del que pensábamos, y eso cambiaría por completo la historia que nos contamos sobre nuestra vida.

Por otro lado, incluso haciendo estas modificaciones es imposible usar el tiempo de una manera perfecta. Todos desperdiciamos tiempo. Yo lo hago, sin duda. Es parte de la condición humana, así que el objetivo no es la perfección sino el desarrollo y el progreso, y por eso, cada minuto que se pase de una forma más disfrutable o significativa debe considerarse una pequeña victoria. Las dos reglas que te presentaré a continuación pueden ayudarte a lograr muchas de ellas.

REGLA 8
Agrupa las tareas triviales

Las tareas se expanden y llenan el espacio disponible.
Si les asignamos menos tiempo, toman menos tiempo.

En un pasaje de la novela de *Guerra y paz*, el príncipe Andréi, uno de los personajes principales de Tolstói, enfrenta un problema eterno. El príncipe es un aristócrata racional con ambiciosas ideas para reformar el ejército ruso. Va a San Petersburgo para hablar de ellas y, de pronto, ya forma parte de un importante comité, lo cual, en teoría, es un honor. Sin embargo, cuando empieza a ir de una cita a otra, descubre que "el mecanismo de la vida, la organización del día para llegar a tiempo a todo lugar absorbía la mayor parte de su energía vital". Tolstói escribe: "Estaba tan ocupado días enteros consecutivos que no le quedaba tiempo para pensar en el hecho de que no estaba haciendo nada".

En cuanto leí este pasaje lo subrayé porque, vaya, ¿quién no se siente identificado? A veces da la impresión de que las semanas desaparecen en un frenesí de tareas que deben llevarse a cabo. Escanear y firmar formatos. Revisar la logística. Programar reuniones y luego volver a agendarlas si algo surge y es necesario modificar el plan de batalla. Las noches y los fines de semana también pueden desvanecerse mientras hacemos mandados, encargos y todo lo necesario para preparar el día siguiente. Toda esta actividad nos hace sentir muy ocupados y, aunque nadie holgazanea, al final de un día en particular es difícil notar el progreso real. Es obvio que no se avanzó, ni en los planes militares del príncipe Andréi, ni en nuestros objetivos personales o profesionales.

Todas las tareas administrativas y de mantenimiento en la vida parecen tomar horas, pero lo más curioso es que, de acuerdo con los registros y bitácoras que he leído, la mayoría de las cosas que hacemos y nos hacen sentir ocupados, a decir verdad, no quitan mucho tiempo. Algunas llamadas, algunos formatos, algunas respuestas. A menudo pasamos más tiempo haciendo estas cosas en nuestra cabeza, agonizando por su existencia y permitiéndoles ocupar terrenos enormes en nuestra mente, que haciéndolas en realidad.

El mayor problema con este tipo de acumulación en el calendario es que, incluso si estas tareas son molestas, en realidad no exigen demasiado esfuerzo y, una vez que se realizan, nos ofrecen la satisfacción de haberlas "terminado". Es obvio que muchas de las cosas relevantes en la vida, como nutrir nuestras relaciones familiares o avanzar en nuestra carrera, no las hemos "terminado". Requieren tiempo, mucho tiempo, pero las recompensas no son tan obvias en lo inmediato, no como cuando solo se van palomeando las tareas de una lista. Por esta razón, la atracción de los logros fáciles tras realizar las tareas triviales puede obligarnos a fragmentar el día sin darnos cuenta y hacernos sentir que estamos avanzando a pesar de que, en lo que realmente importa, no hay progreso alguno.

La solución es la **Regla 8 de Un martes más tranquilo: Agrupa las tareas triviales**. Asigna un periodo breve para llevar a cabo todas esas tareas que debes cumplir, pero que no son tu prioridad. Podría ser media hora una tarde, durante la jornada de trabajo; un periodo más amplio los viernes, o una sesión tipo "bombardeo" de 90 minutos un día de la semana para realizar quehaceres, mandados o tareas personales. Si de pronto notas que tienes que hacer una tarea trivial o si algo surge en tu bandeja de correo electrónico, no lo hagas, guárdalo en la lista de las cosas que agruparás para procesar

Regla 8. Agrupa las tareas triviales

más adelante, y encárgate de todas esas tareas pendientes de una sola vez en el momento que asignes para ello.

Esta regla de reagrupar tareas tiene dos efectos notorios.

1. Te obliga a priorizar.

    Si te das una hora para procesar a toda velocidad las tareas triviales pendientes en tu bandeja de correo, no desperdiciarás tiempo deliberando sobre cómo responder a una cuestión banal. Si solo tienes poco tiempo para comprar un regalo de cumpleaños, programar un corte de cabello y llenar los formatos que te exigen en la escuela de tu hijo, no vas a buscar opciones de regalos de cumpleaños por todo el universo. Si solo tienes una hora para arreglar la casa los sábados, te enfocarás en las acciones que tengan el mayor impacto. Recuerda que las tareas se expanden y llenan el espacio disponible, si les asignas menos tiempo, tomarán menos tiempo.

2. Impide que las tareas triviales siempre sean una opción.

    Ahora sabes que habrá una hora específica para comprar el regalo, firmar los formatos y llamar al dentista. De por sí, ya es muy difícil hacer espacio en un horario para el "trabajo profundo" o para las labores necesarias para enfocarse en las relaciones o en revigorizarte, así que es obvio que no quieres interrumpirte a ti mismo o, al menos, *no deberías* desear interrumpirte. Si descubres que, en algún momento fuera del espacio designado el sábado, te sientes mal porque el piso está sucio, podrás recordar que hay un tiempo específico para limpiar, y que ese momento no es ahora. Relájate, no tienes por qué sentirte culpable de por estar efectuando una tarea en particular. Si agrupamos las tareas triviales, podemos dejar otras franjas de tiempo abiertas para el trabajo más significativo o para la diversión.

Esta regla parece sencilla, pero es difícil de seguir, en especial porque va en contra de algunas nociones enraizadas respecto a lo que significa ser productivo. Tachar las tareas menores de una lista de pendientes nos hace sentir productivos, mientras que pasar largos periodos lidiando con asuntos complejos, no tanto. Sin embargo, nada puede sustituir el tiempo y la atención. La pregunta es: ¿a qué los vamos a consagrar?

Cómo agrupar las tareas triviales: seis pasos

Después de presentarles esta regla a los participantes de Un martes más tranquilo, les pedí que siguieran un proceso de seis pasos para formarse este nuevo hábito.

1. Aprende a identificar las tareas menores.

    Les pedí a los participantes que pensaran en las últimas 24 horas. ¿Qué tareas triviales y no urgentes incluyeron en sus listas de pendientes diarias? ¿Qué hay de las tareas triviales que terminaron en cuanto pensaron en ellas a pesar de que, en ese momento, estaban haciendo otra cosa? Entre las respuestas más comunes encontré: inscribir a uno de los niños en algo, enviar un paquete, pagar un servicio, responder a invitaciones, volver a poner objetos en su lugar, comprar artículos para el hogar, hacer citas de rutina, enviar información solicitada, etcétera. No necesitas hacer una lista exhaustiva de las tareas triviales que tienes que llevar a cabo, ya que, por su naturaleza, son difíciles de reconocer, sin embargo, aprender

Regla 8. Agrupa las tareas triviales

a identificar las tareas más bien irrelevantes es lo que hace posible agruparlas. Si prestas atención uno o dos días, empezarás a reconocerlas.

2. Define cuánto tiempo necesitas.

Les pedí a los participantes que calcularan cuánto tiempo les habían dedicado a las tareas de poca importancia en los últimos siete días, tanto a las profesionales como a las personales. No les pedí que incluyeran en el cálculo los constantes quehaceres del hogar como la preparación de alimentos y la lavandería porque, aunque puedes considerarlos, el proceso sería un poco distinto. En promedio, la gente dijo que necesitó dos horas a la semana, pero hubo un rango general de entre una y cuatro horas. Incluso hubo un participante que afirmó que se dedicaba a ellas todo el tiempo que pasaba despierto.

Tengo la idea de que la mayoría de la gente pasa entre una y cuatro horas a la semana lidiando con estas tareas. Quienes están a cargo de hogares complejos o cuentan con menos apoyo administrativo en el trabajo dijeron dedicarles más horas, y quienes llevan una vida más simple, menos horas. Aunque este rango de entre una y cuatro horas es considerable, ya que estoy segura de que a todos nos encantaría dedicar ese tiempo en la semana a leer o a nuestros pasatiempos, tampoco ocupa las 24 horas de los siete días de la semana como a veces lo percibimos.

Este punto es importante porque en la actualidad existe un debate social significativo respecto a la distribución entre los miembros de la familia de la carga psicológica que implica administrar un hogar. Del mismo modo, muchas empresas y organizaciones invierten muy poco en apoyar a su personal y, luego, basándose en argumentos predecibles y estereotípicos, esperan que la gente compense por ello. Creo que vale la pena sostener estos debates en cualquier situación que parezca no equitativa, pero también hay cosas que podemos hacer en lo personal para aligerar cualquier proporción de la carga que nos toque. Algo esencial que debemos comprender es que **estas tareas suelen sentirse más complicadas de lo que son porque, si no tenemos cuidado, pesarán en nosotros de manera constante**. Puedes pasar la vida recordando que tienes que contratar a la persona que cuidará a tu perro en tu próximo viaje y cambiar las fechas en que compartirás vehículo para la semana en que tendrás que asistir a una conferencia. Como lo mencioné, estas actividades podrían sentirse eternas a pesar de que cada una solo requiere que envíes un mensaje o escribas un email en 30 segundos.

3. Identifica los tiempos y las situaciones en que podrías quedar estancado.

Les pedí a los participantes que pensaran para qué momento de la jornada laboral podrían programar un periodo para lidiar con las tareas triviales, incluso las de orden personal que se presentan en horas de trabajo. También les pregunté si podrían programar un espacio semanal para realizar los quehaceres del hogar y, quizá, un periodo muy breve para las tareas diarias. ¿En qué momento podrían hacer que esto sucediera y qué les impediría agrupar sus pendientes?

La gente anticipó varios impedimentos. Algunos empleos, por ejemplo, por su naturaleza exigen respuestas más inmediatas que otros.

Regla 8. Agrupa las tareas triviales

"Cuando surge una fecha límite de forma inesperada, no importa si tengo tiempo programado al final del día, ya que mi jefe necesitará una respuesta inmediata —escribió alguien—. Hace poco, por ejemplo, tuve que dejar todo lo que estaba haciendo para encontrar las estadísticas necesarias y proveer la información para un artículo noticioso que se publicaría sobre un evento que estoy organizando. La fecha límite para entregar el documento era tres horas más tarde, así que no podía solo decir: 'Bueno, programé mi tiempo para lidiar con las tareas triviales e imprevistas a las 4:30 p.m., así que me encargaré de eso a esa hora'".

Esto podría ser cierto, aunque yo argumentaría que, aun así, podemos distinguir entre lo urgente y lo no urgente. Incluso la gente que trabaja con fechas límite muy justas a menudo tiene otro tipo de tareas que puede agrupar, como llenar un formato intrascendente para el Departamento de Recursos Humanos. Para comprender este proceso, tal vez valdría la pena analizar las tareas de algunos días o de una semana completa, y separarlas en dos listas: "Lo que puede esperar" y "Lo que no puede esperar". El objetivo es tener suficiente claridad en cuanto a su naturaleza, para que no nos causen tanta angustia.

A algunos de los participantes les preocupó que las tareas triviales los continuaran molestando incluso si ya las habían agrupado para abordarlas más tarde. Uno de los participantes que anticipó este inconveniente se comprometió a "poner el celular en modo 'No molestar' y apagar las alertas sonoras que me avisan cuando llega un nuevo correo electrónico, siempre que esté trabajando en otra cosa". Otra persona decidió apagar todas las notificaciones y elegir algunos momentos al día para revisar rápido los correos electrónicos y los mensajes sin abrirlos, y asegurarse de que no hubiera nada urgente.

A algunas personas les atemorizaba que las tareas triviales las fastidiaran. "Mi cerebro funciona mejor si me deshago de los pensamientos en exceso", explicó alguien. La gente que mencionó esta dificultad explicó que hizo las tareas de inmediato, ya sea porque le daba miedo olvidarse de ellas y recordarlas a las 3 a.m., o porque se sentía incapaz de segmentarlas y no pudo dejar de pensar en ellas sino hasta que no las realizó.

4. Empieza a escribir las cosas.

Cuando revisé las respuestas a la encuesta de Un martes más tranquilo, me di cuenta de que mucha de la gente a la que le preocupaba olvidarse de las tareas pendientes o pensar en ellas de forma constante solo las "tenía apuntadas en la cabeza", como dijo un participante. Asimismo, algunas personas que funcionaban bien con listas de sus pendientes en el trabajo no aplicaban este sistema en su vida personal, y por eso terminaban lidiando de una manera frenética con las tareas en cuanto estas se presentaban.

Si te identificas con esta situación, es hora de formarte un nuevo hábito. El cerebro humano es un lugar terrible para guardar listas. Cuando pienses en una tarea, escríbela en un lugar donde estés seguro de que la volverás a ver: un planificador, tu calendario o, si sueles convertir en listas tus correos para procesarlos, incluso en un correo que te envíes a ti mismo. En la página semanal de mi planificador yo mantengo una "lista maestra de pendientes" para el viernes, a la cual acudo en algún momento de este día, que dejo abierto. Mi amiga Lisa Woodruff, dueña de

Regla 8. Agrupa las tareas triviales

la empresa Organize 365, le enseña a la gente lo que ella llama la "canasta del domingo". En esta canasta arrojas físicamente todas las tareas triviales: desde las boletas de préstamo de los libros de la biblioteca hasta los pedacitos de papel en donde haces anotaciones para ti mismo. Al llegar el domingo vacías la canasta y, durante un tiempo predestinado para tareas agrupadas, llevas a cabo todos los pendientes que haya.

Reunir las tareas de forma física o agruparlas en una lista evitará que las olvides, y una vez que hayas asignado un tiempo para realizarlas, lo más probable es que dejes de preocuparte hasta que llegue ese momento. Así sabrás que ya definiste una fecha y hora para atenderlas, pero que no es ahora. Lo que habría sido una "tarea que no me deja en paz" se convierte en algo parecido a la cita con el dentista que programaste para el próximo miércoles a las 8 a.m. Seamos honestos, nadie sufre hora tras hora esta cita solo porque "no ha sucedido". Ahora es una tarea definida para un momento fijado, así que el cerebro estará tranquilo. Y lo mismo sucede cuando te comprometes a llenar ese formato a la 1:30 p.m. del viernes.

Escribir las cosas no resuelve toda la ansiedad que provocan las listas de pendientes, pero la reduce en buena medida, y en una vida atareada, reducir la ansiedad puede marcar una gran diferencia.

"Traté de mantener a la mano una lista en un *post-it*, y así, cada vez que pensaba en algo que usualmente me habría puesto a hacer en ese instante, lo escribía y confiaba en que lo haría después, en el tiempo asignado para las 'tareas agrupadas'", explicó alguien que, además, dijo que esto le ayudaba a limitar las distracciones y la sensación de estar todo el tiempo rezagada.

Un martes más tranquilo

5. Haz coincidir la tarea con el momento adecuado.

A algunas personas les preocupaba que les estuviera sugiriendo que apartaran un bloque de tiempo importante para hacer estas tareas triviales, y eso provocó reticencia: "Los bloques extensos de tiempo entre semana son un lujo extremo en mi calendario y los uso para el trabajo profundo. Por eso solo tengo una lista de las tareas excepcionales, la cual reviso en los cinco minutos que siempre termino teniendo entre las reuniones de trabajo".

Estoy de acuerdo en que, si solo tienes un espacio de dos horas en la semana, no deberías usarlo para atender las tareas triviales. Tampoco deberías procesar las tareas agrupadas en tus horas más productivas, un mal hábito al que llamo "liberar las cubiertas" en honor a una frase de la época de Tolstói que se refería a guardar y afianzar todos los objetos sobre la cubierta de un barco antes de una batalla.

Aunque liberar las cubiertas puede ser esencial en un contexto de conflictos navales, en la vida diaria resulta contraproducente. Lo que sucede es que la gente empieza su jornada de trabajo con las mejores intenciones y una extensa lista de pendientes, de los cuales, la mayoría son triviales. Solo algunos son en verdad relevantes. En esta situación, resulta tentador procesar todas las tareas menores agrupadas primero para que, en teoría, tu mente pueda enfocarse después en lo importante. Sin embargo, esto rara vez funciona en la práctica porque a la gente se le acaba la energía. Para media mañana terminas con las tareas menores, luego vas a una junta, revisas los títulos de tus correos electrónicos y ya es hora del almuerzo. Tienes un descenso de energía y, entonces, lidiar con las tareas importantes parece imposible. Lo mejor es encontrar un

Regla 8. Agrupa las tareas triviales

espacio de entre 30 y 60 minutos en una hora que no sea pico, y atacar en ese momento la mayor cantidad posible de tareas triviales. Así podrás usar la energía de las primeras horas de la mañana para tus objetivos más importantes. ¿Y qué hay de esos cinco minutos entre juntas? Te sugeriría que mejor los usaras para relajarte, pensar en la siguiente reunión, conversar con un colega o leer.

6. Encuentra la manera de hacer que funcione.

Tal vez lo ideal sería dejar todo lo no urgente para el viernes, pero en la práctica, las otras personas tratarán de que lo trivial parezca urgente y, a veces, cambiar de velocidad se siente bien. La buena noticia es que lo perfecto no está peleado con lo aceptable, es decir, el tiempo para procesar tus tareas agrupadas no tiene por qué ser ni extenso ni exhaustivo. Puedes planear varias sesiones breves de procesamiento. Cualquier periodo de entre 10 y 60 minutos en que puedas realizar más de una tarea menor podría servirte para implementar y observar esta regla. El verdadero problema surge cuando entras y sales de lo que debería ser un periodo de trabajo bien enfocado o dedicado a relajarte. *Este* es el mal hábito que podría impedirte hacer lo demás.

La trampa de la productividad

Apagar las notificaciones y hacer una lista es bastante sencillo, el mayor impedimento para implementar esta regla que encontraron muchos de los participantes fue que el hecho de agrupar las tareas menores, tanto las del trabajo como las del hogar, interfería con enraizadas nociones sobre lo que es la productividad:

- "Me agrada la idea de agrupar los quehaceres en el hogar, pero también siento que en este momento mi mentalidad es tipo: 'Tengo demasiado que hacer', la cual me hace sentir irresponsable si no estoy haciéndome cargo de algo todo el tiempo".
- "Actualmente, la vida funciona mejor si se hacen las cosas en la primera oportunidad porque es imposible confiar en que se podrá proteger un tiempo reservado para algo".

Como seres humanos, nos gusta concluir tareas. Esto aplica en general, pero ¿qué hay del subconjunto que lee libros sobre productividad y administración del tiempo? A nosotros *de verdad* nos encanta tachar tareas de la lista porque la mera acción física de trazar el tache nos ofrece una gran satisfacción. Lo sé, quienes me conocen saben que he vuelto a escribir en mi lista de pendientes tareas que ya realicé, solo para sentir el placer de volver a tacharlas. Nosotros andamos por ahí pensando todo el tiempo en que no debemos "dejar para mañana lo que podamos hacer hoy" y que "debemos aprovechar el día". Una buena cantidad de participantes de Un martes más tranquilo citó la "regla de los dos minutos" que aparece con frecuencia en los libros sobre productividad. La idea es que, si una tarea te tomará dos minutos o menos, deberías hacerla en cuanto surja, y de esa manera no tendrás que volver a lidiar con ella.

Esta regla tiene sentido hasta cierto punto. Si bien retomar una tarea más adelante podría llevarte más de dos minutos y, además, ocupar espacio mental, esta regla tiene más desventajas que ventajas. Cualquier tarea de dos minutos puede transformarse en uno de estos tres monstruos:

1. Una hidra de tareas

    ¿Estás *seguro* de que es una tarea que solo tomará dos minutos? Pocas personas calculan esto a la perfección. Una

Regla 8. Agrupa las tareas triviales

tarea de dos minutos puede, sin problema, convertirse en una de cinco, o en una tarea multifacética que te obligue a esperar a que alguien te devuelva una llamada; a rastrear un formato distinto; o imprimir algo en un lugar donde no hay impresora. Alguien se refirió a este fenómeno como la "hidra de tareas" porque, si cortas una cabeza, nace otra y, poco después, lo que habrás fragmentado será el tiempo que tenías destinado a hacer otra cosa.

2. La madriguera de conejos

Es muy difícil retomar el trabajo tras una distracción. Claro, solo te tomará un minuto enviarle a tu colega por correo electrónico el documento que te solicitó, pero después de enviarlo, de pronto estás *en tu bandeja de correos* y sufres una conmoción porque la encuentras llena de mensajes nuevecitos. Empiezas a abrirlos y a leerlos, y... dos minutos se transforman en 20. Y eso es solo si permaneces en tu bandeja. Algunas personas tienen elaborados rituales para retomar el trabajo que interrumpieron: cualquier pausa podría llevarte a revisar los encabezados de las noticias, el estado de la bolsa de valores, los resultados deportivos, dos aplicaciones de redes sociales, y el clima. En este contexto, en lugar de ser la regla, permanecer enfocado se vuelve la excepción.

3. La sirena de la procrastinación

El mayor problema es que la regla de los dos minutos, o los cinco, o los 10, puede convertirse en una manera sencilla de procrastinar y dejar para después las tareas más difíciles. La mayoría de los participantes se dio cuenta de este fenómeno casi de inmediato:

- "Cuando estoy trabajando en la computadora, a menudo atiendo asuntos personales como comprar regalos por internet o buscar una ruta para pasear en bicicleta porque es más sencillo y divertido que el trabajo".
- "Quiero sentirme productivo y las tareas triviales me facilitan esa sensación. Al final, parece que hice muchas cosas a pesar de que me distrajeron de una tarea más compleja y relevante".
- "A veces me cuesta trabajo motivarme a hacer cualquier cosa productiva, por eso las tareas insignificantes me resultan útiles".
- "Cuando me siento frustrado, siempre es agradable tener 'algo que tachar'. A veces resulta valioso, pero con frecuencia necesito sentarme y de verdad sumergirme en las tareas difíciles de abordar".

Tanto la "hidra de tareas" como "la madriguera de conejos" pueden quitarte tiempo, pero, al final, el monstruo más peligroso es "la sirena de la procrastinación". A veces, lo único que necesitas es sentarte y contemplar la pantalla, el cuaderno, el lienzo o las teclas del piano, si lo que tratas de hacer es componer una pieza musical. Necesitas sentarte y sentirte incómodo mientras tu cerebro trabaja para averiguar qué es lo que necesitas hacer. Si te permites una victoria sencilla, te privas de la victoria mayor que implica un verdadero logro. Y, aunque necesitas descansos, tal vez sea mucho mejor que te desconectes por completo en lugar de ponerte a responder correos electrónicos.

"Si me siento incapaz de pensar, prefiero levantarme de mi asiento y estirarme o salir a dar un paseo, algo que le permita a mi cerebro continuar trabajando en el problema", escribió alguien. Cuando das un paseo, tu cerebro toma los diversos hilos y empieza a tejer una trama con ellos, así que, al regresar, te sientes renovado, y usualmente tienes la respuesta. En un panorama general, esto se siente mucho mejor que tachar seis insignificantes pendientes en una lista.

Regla 8. Agrupa las tareas triviales

La regla de las tres horas

Si la "regla de los dos minutos" no es tan maravillosa como dicen, ¿entonces qué opciones tenemos? Hace algunos años, una de las sabias lectoras de mi blog escribió sobre lo que ella llamaba la "regla de las tres horas", un sistema que le permitía abordar tanto las tareas relevantes como las triviales.

Todos los días pasaba unos cuantos minutos revisando su correo electrónico y planeando su flujo de trabajo; luego, de las 9 a.m. al mediodía entraba en modo silencio. Desactivaba todas las notificaciones, cerraba la bandeja de correo electrónico, apagaba el celular y se enfocaba por completo en su mayor problema del día. A la hora del almuerzo salía al mundo y pasaba el resto del día atendiendo llamadas, asistiendo a reuniones, lidiando con labores administrativas, etcétera. Gracias a la "regla de las tres horas" podía completar todas sus tareas de dos minutos, pero también avanzaba en sus proyectos relevantes.

Sé que no todos los empleos son iguales, muchos trabajos, desde los del sector médico hasta los de la venta al menudeo, pasando por la industria de la construcción, no coinciden con este molde. Actualmente, incluso quienes se dedican a profesiones científicas o académicas tendrían razones para decir que la regla de las tres horas no les funcionaría. Y tal vez sea cierto, pero si permitiéramos las llamadas de la enfermera de la escuela, de la guardería o de tu cónyuge, ¿cambiarías de opinión? ¿Qué sucedería si tuvieras una conversación honesta con tu gerente o la persona a la que le reportas de manera directa y le dijeras que necesitas proteger tu capacidad de enfocarte? ¿Qué sucedería si les dijeras a todos? ¿Alguna vez no has estado disponible porque tuviste un vuelo de tres horas? ¿O tal vez uno de solo 90 minutos? ¿La Tierra dejó de girar?

Si quieres cambiar tu vida diaria, cambia tu narrativa

A veces nos volvemos adictos a la noción de que vivimos ocupados y tenemos que estar haciendo una u otra cosa todo el tiempo. *¡No tengo tiempo para pensar en el siguiente paso que daré en mi carrera porque debo responder a todas estas solicitudes de reuniones! No puedo reunirme con una amiga ni escribir mi propuesta de libro porque tengo que comprar focos, enviar un paquete por correo y...* Si de manera consciente a estas tareas les asignas menos horas, tal vez tengas tiempo para hacer otras cosas. Suena genial, ¿no? El problema es que admitir que tienes tiempo para otras cosas cambiaría tu narrativa, y cambiar una narrativa es complicado porque exige cambiar de identidad. *Ya no soy el mártir súper ocupado que hace todo por los demás. Ahora soy una persona que podría divertirse o avanzar en sus objetivos profesionales, pero como elijo no hacer esas otras cosas, seguiré siendo un mártir.*

A final de cuentas, nadie da premios por disfrutar poco de tu vida ni por estar demasiado ocupado para hacer lo que en verdad importa. Si te gusta la manera en que usas tu tiempo, genial; si no, cámbiala. Agrupar las tareas insignificantes es una forma de recuperar tu tiempo en lugar de sentir que las exigencias mundanas drenan tu energía vital, y de usarlo para lo que más te interesa.

Los resultados

Con el objetivo de recuperar su tiempo, los participantes de Un martes más tranquilo pusieron a prueba esta regla durante una semana. Programaron periodos breves para las cosas triviales, y así pudieron guardar los más prolongados para las tareas importantes. La mayoría eligió bloquear una tarde de un día de trabajo para procesar las tareas agrupadas. Este momento es muy propicio porque es cuando la energía de la gente decae y las pequeñas victorias pueden motivarnos. Muchos siguieron mi recomendación y usaron un espacio más amplio los viernes para atender las tareas que suelen acumularse. Esto tuvo varios efectos positivos.

En primer lugar, la gente avanzó en sus prioridades porque dejó de interrumpirse a sí misma todo el tiempo. "Sentí que esta semana avancé más en el trabajo por la mañana", dijo un participante que procesó sus tareas agrupadas por la tarde. Otra persona dijo que la regla le ayudó a mejorar su concentración porque "sentí que estaba programando los pendientes en lugar de permitir que me interrumpieran".

"Saber que tenía un momento programado para hacer todas esas tareas me ayudó a priorizar las tareas importantes pero no urgentes a lo largo del día", dijo alguien, mientras que otra persona afirmó: "Pude decirme que ya había asignado un tiempo para esas tareas, pero que no era ese momento". Comparada con la cantidad de participantes que en la encuesta previa al programa dijeron que tuvieron suficiente tiempo "el día anterior" para hacer lo que deseaban, en la octava semana de Un martes más tranquilo hubo un incremento de 25 por ciento.

Además de percibir que tenían suficiente tiempo, los participantes se sintieron *mejor* respecto al tiempo que tenían. Una persona dijo sentirse "menos agotada". Otra reportó "una sensación de logro porque hice 'todo': es algo que no suelo sentir cuando [las tareas triviales] están repartidas a lo largo de toda la semana".

Lo que más me hizo feliz fue ver el entusiasmo de la gente que dudaba que esta regla le funcionaría. Una persona que al principio se mostraba reticente señaló que a lo largo de los años se había jactado de su habilidad para incrustar las tareas triviales en los huequitos de su horario. Sin embargo, tras poner a prueba esta regla, se dio cuenta de que estar todo el tiempo buscando la oportunidad de abordar las tareas triviales "me fuerza a pensar en ellas de manera constante. Bloquear el tiempo para hacerlas es más eficaz y me fatiga menos".

Con el paso del tiempo, agrupar las tareas menores puede cambiar por completo la narrativa sobre la manera en que abordamos nuestras jornadas laborales. Ya no tenemos que insertar a la fuerza lo importante en los huecos que dejan las tareas triviales, primero hacemos lo que nos vigoriza y dejamos lo insignificante para el momento que le asignamos. En un mundo de tantas distracciones como el nuestro, esto puede representar una verdadera ventaja.

"A menudo me abruman los correos electrónicos del trabajo, es como si todos me exigieran algo", escribió alguien. Después de probar esta regla, esta persona se dio cuenta de que "esta impresión provenía del hecho de que revisaba el correo cada hora, por eso 'sentía' que me fastidiaban todo el tiempo". Entonces decidió que ya no se permitiría sentirse así. "Ahora me hago cargo de las tareas insignificantes a las 3 p.m., veo el panorama general, proceso la mayoría, y luego decido cuándo abordaré las pocas que de verdad necesitan más tiempo. Estoy ahorrando horas, pero creo que lo más importante es que he cambiado lo que siento respecto al trabajo".

Todo esto también podemos aplicarlo en nuestra vida personal. Una participante bloqueó un espacio los fines de semana para hacerse cargo de los quehaceres, y dijo sentir que "disminuyó el resentimiento que les tenía porque me robaban mi tiempo libre". Ahora que tenía un espacio libre, se preguntó qué le agradaría hacer. ¿Qué decidió? Empezó a salir casi todas las noches después de la cena o de recoger a sus hijos en la guardería, y de esa manera aprovechó las temperaturas cálidas y los días más largos que trae consigo la primavera. El tiempo se siente más ligero si no te pasas la vida pensando que tienes que hacer algo más.

Da el siguiente paso: no lo hagas

Agrupar tareas triviales nos permite minimizarlas, pero la máxima expresión de esta estrategia radica en desaparecerlas.

Regla 8. Agrupa las tareas triviales

En nuestro mundo hay una cantidad enorme de tareas que no necesitan hacerse, por eso le sugiero a la gente que registre sus actividades para empezar. Si sabes adónde se va tu tiempo, entonces puedes preguntarte por qué haces lo que haces. Tal vez haya una buena razón, pero tal vez no, y si ese es el caso, puedes explorar maneras alternativas de lidiar con la vida y liberar así una gran cantidad de tiempo.

Para empezar, no es necesario que respondas a todos los correos electrónicos, por ejemplo. Tampoco tienes que archivarlos. También puedes percatarte de si una reunión de verdad tiene que llevarse a cabo o si se puede tratar el asunto a través de un correo electrónico. Tal vez has estado escribiendo un reporte semanal de algo que sospechas que nadie lee. Podrías hacer una prueba: no lo envíes y ve qué sucede. Si nadie se da cuenta, es señal de que tal vez no sea tan importante.

Esta estrategia también la puedes aplicar a tu vida personal. Yo, por ejemplo, no planeo las comidas, pero todavía no nos hemos muerto de hambre. Hay semanas en que no lavo ropa, solo la dejo en la canasta hasta que la vuelvo a necesitar. A veces le llueve a mi automóvil y tomo eso como lo más cercano a lavarlo.

Sé que en este aspecto hay distintas escuelas de pensamiento. Como casi toda la gente, he visto el famoso discurso de graduación del almirante William H. McRaven, "Tiende tu cama", y sin duda trato de ser consciente respecto a todo lo que amerita atención, pero no creo que la manera en que abordamos las tareas triviales sea forzosamente la misma en que debamos abordar las importantes. El tiempo es limitado, si pasas mucho haciendo lo insignificante corres el riesgo de quedarte sin horas para lo relevante. Esto tampoco significa que debas ser descuidado, solo que el tiempo que uses en algo no lo podrás usar en otra cosa.

Así pues, si utilizas tus horas en algo, asegúrate de que haya una buena razón para ello. De lo contrario, pregúntate qué sucedería si no lo hicieras. ¿Se desataría el caos? Te apuesto que nada cambiaría gran cosa. Si acaso, tendrías más tiempo gracias a que no hiciste algo insignificante.

Es tu turno:
agrupa las tareas triviales

Preguntas de planeamiento:

1. Piensa en las últimas 24 horas. ¿Qué "tareas triviales" llegaron a tu lista de pendientes? ¿Qué hay de las que abordaste en cuanto las recordaste, a pesar de que en ese momento estabas trabajando en algo más?
2. ¿Cuánto tiempo, en minutos, calculas haber necesitado la semana pasada para realizar esas tareas?
3. ¿Qué espacio durante tu jornada laboral podrías programar, todos los días o una vez por semana, para abordar las tareas triviales y cualquier tarea personal que se presente en horas de trabajo?
4. ¿Qué espacio semanal para quehaceres en el que puedas abordar algunos pendientes personales, quizá el fin de semana o por la noche, podrías programar?
5. ¿Qué podría impedirte agrupar las tareas triviales de tu vida?
6. ¿Cómo podrías lidiar con estos impedimentos?

Preguntas de implementación:

1. Piensa en la semana pasada. ¿Qué momentos asignaste para las tareas triviales durante la jornada de trabajo?
2. ¿Qué espacios asignaste para los quehaceres del hogar y los pendientes triviales?

Regla 8. Agrupa las tareas triviales

3. ¿Qué efecto notaste en tu vida al agrupar las tareas triviales?
4. ¿Qué impedimentos enfrentaste al tratar de agrupar las tareas triviales?
5. ¿Cómo lidiaste con ellos?
6. Si tuviste que modificar esta regla, ¿de qué manera lo hiciste?
7. ¿Qué tan probable es que continúes aplicando esta regla en tu vida?

REGLA 9
Mejor con esfuerzo que sin esfuerzo

*El tiempo de ocio es demasiado valioso
para ser ociosos con nuestro ocio.*

Jeremy Anderberg lee mucho. Tiene un empleo de tiempo completo y tres niños pequeños, pero, aun así, logra leer cerca de 100 libros en 12 meses. En los últimos años ha leído por lo menos una biografía de cada uno de los presidentes de Estados Unidos, y *Guerra y paz*, dos veces.

Podría parecerte que Jeremy pasa cada minuto libre que tiene leyendo, pero no es así. Además de usar las redes sociales, ve un poco de televisión, alrededor de una hora diaria de programas que, en definitiva, no tienen nada que ver con *Guerra y paz*, como *The Bachelorette* o telerrealidad sobre bienes raíces.

Sin embargo, como adora leer y siempre se siente mucho más satisfecho en los aspectos emocional e intelectual cuando termina de leer que cuando pasa tiempo deslizando la pantalla de su celular, ha estructurado su tiempo libre para que sus lecturas sean *lo primero* que suceda. Él y su esposa se levantan a las 5:45 a.m. casi todos los días y pasan una hora leyendo en la cama antes de que sus hijos despierten. También leen juntos una media hora antes de acostarse a dormir y, por su parte, él busca otros espacios para leer unos minutos a lo largo del día: digamos, ese tiempo al que la autora Brigid Schulte alguna vez designó "tiempo confeti". "Si siempre tengo un libro disponible, cuando tengo que esperar algo o necesito un descanso breve hay menos opciones y decisiones que tomar", explica.

Estos periodos breves o tiempo confeti se van acumulando. Jeremy calcula que le dan 30 minutos adicionales de lectura por día. Como puede leer alrededor de 50 páginas por hora, en dos horas de lectura diaria puede leer 100 páginas, lo cual asciende a 700 páginas por semana, el equivalente de unos dos libros de 350 páginas. Todo eso, sumado, asciende a 100 libros al año.

Ahora bien, lo que Jeremy hace no es tan simple. También le toma tiempo decidir qué leerá a continuación para mantener el ritmo de 100 páginas diarias, pero, en general, creo que la forma en que aborda el tiempo de ocio es el adecuado para la gente que tiene una vida ocupada y muchas responsabilidades.

El análisis de los registros de actividades muestra que incluso la gente más ocupada tiene *un poco* de tiempo de ocio, el problema es que, en la mayoría de los casos, aunque este periodo es predecible, es decir, sabemos que será en la noche o cuando el bebé tome su siesta el fin de semana, suele presentarse en momentos en los que no tenemos necesariamente la energía para escalar una montaña. El resto de ese tiempo de ocio suele suceder en fragmentos de tiempo inesperados, breves o en los que nos pueden interrumpir con facilidad.

Las redes sociales y, en general, las horas que pasamos frente a una pantalla, nos permiten enfrentar estas limitaciones muy bien porque no necesitamos planear nada para disfrutar de ellas. Es decir, no es necesario contratar una niñera para ver la televisión por la noche cuando los niños ya están en la cama, y tampoco nos hace falta estar alerta intelectualmente. Basta con empotrarnos entre los cojines del sofá. Asimismo, lo más probable es que cuando los momentos de tiempo confeti se presenten tengas tu teléfono entre las manos, y deslizar la pantalla puede tomarte dos minutos o dos horas. Por eso la diversión "sin esfuerzo" o mecánica ocupa la

Regla 9. Mejor con esfuerzo que sin esfuerzo

mayor parte del tiempo de ocio de la gente. En Estados Unidos, los usuarios de redes sociales pasan en promedio 33 minutos diarios en Facebook, 31 minutos en Twitter y 29 minutos en Instagram. Cualquier nueva red popular como Snapchat, TikTok o Clubhouse les roban algunos minutos a los servicios tradicionales, pero también añaden tiempo al total del usuario. En cuanto al entretenimiento de la vieja escuela, como la televisión, según la encuesta American Time Use, en 2020 la persona promedio logró ver 2.24 horas al día como actividad principal, a pesar de tener un empleo de tiempo completo. El tiempo se limita de manera absoluta a 24 horas diarias, y por eso el ocio sin esfuerzo suele ocuparnos más que las actividades más laboriosas como la lectura, los pasatiempos creativos o la socialización con los amigos y la familia, es decir, las cosas que la gente afirma que le encantaría incluir en sus horarios… si tan solo tuviera tiempo para ello.

La solución a este problema es la **Regla 9 de Un martes más tranquilo: Mejor con esfuerzo que sin esfuerzo**. Antes de revisar tus redes sociales o encender la televisión, date algunos minutos de diversión "con esfuerzo" o compleja. Puedes hacer esto durante un periodo extendido o, como Jeremy, en tu tiempo confeti.

La ventaja de esta regla es que cuando practicas la diversión con esfuerzo *antes* de la diversión sin esfuerzo, disfrutas de ambas. No le estoy diciendo a nadie que deba dejar de ver televisión o de pasar tiempo en redes sociales porque sé que en la actualidad hay una excelente oferta televisiva. Tampoco creo que haya algo inherentemente más valioso en leer en una revista un artículo sobre bocadillos bajos en calorías que en ver un drama televisivo con un guion excepcional o ver vestidos bonitos en Instagram. Sin embargo, si tus hijos se acuestan o si terminas tus quehaceres como a las 8 p.m. y te vas a la cama a las 10:30 p.m., tienes bastante tiempo para pasar media hora haciendo un rompecabezas, y *luego* ver varios programas de televisión. En cambio, si primero enciendes la televisión, te costará trabajo apagarla y reunir la fuerza necesaria para comenzar a hacer el rompecabezas, aunque los adores y separar las piezas sea un descanso más restaurador que ver a dos personajes de un programa de telerrealidad confabular para debilitar a un tercero. Con el tiempo confeti sucede lo mismo, es difícil dejar de deslizar la pantalla en Twitter para irse a leer un poema, así que, si empiezas por la red social, solo tendrás un tipo de diversión.

Y eso sería una lástima porque, aunque permitirse la diversión sin esfuerzo no es, de manera inherente, malo o "improductivo", optar por defecto por esta diversión nos cierra la puerta a una buena cantidad de placer. Los estudios que han analizado, momento a momento, las actividades que generan alegría indican que la gente califica "ver televisión" como algo menos placentero que leer, tener pasatiempos o socializar. Desarrollar el sencillo hábito de tener un poco de diversión con esfuerzo antes de la diversión sin esfuerzo puede hacer que incluso el tiempo de ocio limitado sea más satisfactorio.

Perspectivas de los participantes: seamos honestos respecto al tiempo de ocio

Después de presentarles el concepto de la diversión con esfuerzo a los participantes de Un martes más tranquilo, les pedí que calcularan cuánto tiempo pasaban frente a su pantalla disfrutando de la diversión "sin esfuerzo". Aunque los cálculos no suelen ser precisos, sospecho que en esta ocasión sí lo fueron en cuanto a las redes sociales porque mucha gente reportó que revisaba la función de "Tiempo pasado en pantalla" de sus teléfonos. Entre los participantes del estudio hubo un promedio de 48.8 minutos al día en redes sociales entre semana y 57.6 minutos diarios el fin de semana. El cálculo promedio para la televisión fue de 44.1 minutos diarios entre semana y 79.1 minutos diarios el fin de semana. Tengo la impresión de que la gente subestimó los minutos que pasaba viendo televisión debido a la manera en que suele contar el tiempo. Una persona, por ejemplo, dijo que no veía "nada" de televisión porque siempre eran "programas para niños o el canal del clima", y eso, de hecho, no es *nada* porque ¡el tiempo frente al televisor no tiene que ser disfrutable para que lo incluyas en el cálculo!

También le pedí a la gente que prestara atención al *momento preciso* en que se presentaban sus periodos breves de tiempo de ocio, y esto provocó un intrigante cuestionamiento interior, porque una cosa es saber que tendrás tiempo libre cuando los niños se acuesten, y otra distinta descubrir, como le sucedió a alguien, que tomas tu teléfono y desbloqueas la pantalla más de 90 veces al día.

Aunque estos cálculos de tiempo pasado en pantalla no son abrumadores, ya que están muy por debajo del promedio de la población debido, tal vez, a que los participantes de mi estudio tienen vidas muy atareadas, de todas formas constituyen un periodo significativo del tiempo discrecional que podría esperarse que acumule alguien con un empleo de tiempo completo y una familia.

A pesar de que varias personas casi no tocaban sus celulares o se sentían felices con el tiempo pasado en pantalla, al responder las preguntas de reflexión, fueron muchas más las que señalaron que sus promedios y la manera en que percibían su tiempo les dejaban un mal sabor de boca. Una persona se quejó de que Instagram la inspirara a "compararse y sentirse desesperanzada". Otra, al preguntarle sobre el tiempo que pasaba en pantalla, solo respondió: "Por favor deja de preguntarme. Es demasiado tiempo y eso no me agrada".

La gente dijo usar varios métodos para evitar los grandes surcos que les dejaba el hábito de deslizar pantallas y dar clic a los conocidos iconos de las redes sociales. Después de ver su promedio en pantalla, una persona eliminó Instagram, otra dijo que para limitar su tiempo en redes sociales se había salido de la aplicación, y luego la desinstaló para solo poder usarla a través del buscador. Y como, además, nunca se acordaba de la contraseña, cada vez tenía que usar la opción de "Olvidé mi contraseña", lo cual, sumado, dificulta en gran medida entrar un rato para ver las fotos de la fiesta de cumpleaños de alguien.

Después de este conteo le pregunté a la gente qué tipo de diversión con esfuerzo le gustaría disfrutar antes de la diversión sin esfuerzo. La respuesta más común, por mucho, fue leer; sin embargo, muchos también mencionaron armar rompecabezas o hacer crucigramas o sudokus. Asimismo, hablaron de construir sets de LEGO; hacer manualidades, y en especial, tejer y hacer bordado en cruz; jugar juegos de mesa o de cartas, y ponerse en contacto de manera activa con amigos y familiares en diversas modalidades: en persona, en el caso de la gente que vivía en la misma casa o, de lo contrario, a través de llamadas y mensajes de texto, e incluso cartas.

Todas estas son buenas ideas; no obstante, leer aporta beneficios particulares, al menos en el caso de los periodos breves que se prestarían más para entrar a aplicaciones y redes sociales. Si lo piensas, los pies de fotografías y los comentarios en las publicaciones que dominan las redes contienen palabras y, por lo tanto, mirarlos implica leer. Por esta razón, en muchos casos, preferir leer como diversión con esfuerzo solo significa mejorar la calidad del material de lectura, y no necesariamente cambiar de hábito por completo.

¿Por qué nos cuesta tanto trabajo la diversión con esfuerzo?

Les pedí a los participantes que planearan algunos minutos de diversión con esfuerzo antes de la diversión sin esfuerzo, tanto a lo largo del día como en periodos más extensos de ocio que pudieran presentarse en la noche o los fines de semana. También les pedí que me hablaran de los impedimentos.

Uno de los más obvios y mencionados fue que la gente no porta libros como porta celulares. Sin embargo, es posible hacerlo incluso

Regla 9. Mejor con esfuerzo que sin esfuerzo

de una manera más práctica, con una aplicación de libros electrónicos como Kindle de Amazon, NOOK de Barnes & Noble, o como lo hace Jeremy, con la aplicación preinstalada en los iPhone: Books de Apple. Otra ventaja es que los libros electrónicos son un poco más económicos que los físicos, es posible encontrar muchas obras clásicas gratuitas o por 99 centavos de dólar. La aplicación Libby te permite pedir libros electrónicos prestados de la biblioteca pública local. Es exactamente igual de sencillo abrir en tu celular Kindle que Facebook, Twitter o una aplicación de noticias, o que terminar ahí después de revisar el correo electrónico, que es lo que suele suceder cuando tratamos de ser "productivos" en los periodos breves.

Si planeas un poco, no te costará mucho trabajo disfrutar de la diversión con esfuerzo. Si funciona para leer en huecos a lo largo del día, también funciona para otros tipos de diversión en periodos más amplios. En cuanto los niños están en la cama, puedes elegir: encender la televisión o leer un libro, armar un rompecabezas o hacer un set de LEGO. Siempre es posible tener diversión con un poco de esfuerzo.

El mayor impedimento para mucha gente resultó ser la energía necesaria para realizar incluso el menor esfuerzo:

- "La fatiga me impide disfrutar de la diversión con esfuerzo".
- "Mi cerebro quedó hecho pomada después de las jornadas de trabajo de los últimos dos días, por eso vegetar me resulta más sencillo".
- "¡Es tan fácil encender la televisión en cuanto los niños se acuestan!".
- "Hay noches en las que he sentido que lo que se suponía que sería diversión se volvió otra tarea impuesta".

Por todas estas razones, a la gente le pareció más sencillo hacer lo que uno de los participantes describió como: "Escuchar el canto de la sirena del sofá".

Perspectivas de los participantes: superar los impedimentos de manera creativa

Me parece que la metáfora del canto de la sirena es muy adecuada en esta situación, porque las sirenas de la mitología griega usaban sus dulcísimas melodías para atraer a los marineros. De manera similar, el entretenimiento en las pantallas fue diseñado para ejercer una atracción irresistible, ese es su modelo de negocios. Miles de personas sumamente inteligentes han dedicado su vida a mantenerte cautivado con el próximo comercial o con los avances del siguiente capítulo de una serie, o a obligarte a revisar por décima vez si todos tus amigos le dieron *Me gusta* a tu publicación.

"Es muy sencillo 'revisar algo' y quedarse enganchado —escribió alguien—. Ya he intentado hacerlo, incluso si el libro está enfrente y de verdad quiero leerlo, si toco el maldito teléfono, mis planes terminan derrumbándose".

En medio de este contexto, hay muy poco que puedes hacer para atarte al mástil como Odiseo o, al menos, para inclinar la balanza hacia la diversión con esfuerzo.

1. Visualízate del otro lado.

   Como lo aprendimos en el capítulo 6, siempre puedes visualizar a tu Futuro Yo sintiéndose satisfecho cuando acabe de leer una novela excelente o al otro lado de cualquier tipo de diversión con esfuerzo.

   "Traté de recordarme a mí misma que en verdad me fascina leer, que me gusta más que cualquier otro tipo de actividad divertida que no exija esfuerzo, y que, a pesar de que para abrir un libro y adentrarme de nuevo en la trama debo activar mi energía, realmente vale la pena por lo renovada que me siento después", escribió una persona.

Regla 9. Mejor con esfuerzo que sin esfuerzo

Piensa en la sensación de terminar un rompecabezas de mil piezas, de haber tejido un sombrero o de averiguar quién fue el culpable en una de las novelas policiacas de Agatha Christie. Luego piensa en cómo te sentirás después de ver fotografías de familias hermosas y bien peinadas con ropa similar, en algún destino vacacional que les pagó por estar ahí y compartirlo en redes. Sé que no es sencillo adoptar esta perspectiva a futuro porque, como alguien explicó, "necesito reentrenar a mi cerebro", sin embargo, te puede ayudar a decidir.

2. Haz que la diversión con esfuerzo sea tan atrayente como la diversión sin esfuerzo.

Esto implica tomar en serio tu diversión. Si quieres leer, asegúrate de siempre tener a la mano libros que te interesen. Derrocha en ese nuevo *bestseller* en lugar de esperar a que lo tenga tu biblioteca local. Deja cualquier libro que ya no te conmueva. Puedes suscribirte a podcasts y gacetas con recomendaciones de libros o leer las innumerables listas con las mejores novelas, biografías o crónicas de viajes.

"En la noche y el domingo en la tarde que asigné para la lectura, tuve a la mano un libro que de verdad quería leer —dijo una participante—. Me pareció esencial porque, si me cuesta trabajo avanzar, no será fácil retomarlo".

También debes aceptar sin reservas el tipo de lector que eres. Si odias las historias de acusaciones falsas, tal vez debas evitar los libros que tengan este tipo de nudo. No hay problema, recuerda que hay millones de obras. Incluso si leyeras 100 libros al año como Jeremy y vivieras 50 años más porque ¡soñar no cuesta nada!, eso significaría que solo leerías 5 000 libros más. Es decir, nunca terminarías muchos de los que te gustaría leer, entonces, ¿por qué desperdiciar tiempo en los que no te interesan?

Si lo que te llama la atención es armar sets de LEGO, entonces compra varios. Los amantes de este juego de construcción disfrutarán más si pasan tres semanas construyendo un cohete de la NASA que cuesta 200 dólares, que si solo contemplaran una mesa de noche del mismo precio que... solo está ahí. Mucha gente paga, sin siquiera pensarlo, por servicios de *streaming* y de televisión por cable, pero cuando se trata de diversión con esfuerzo, le sale lo mezquina. Porque, sí, tal vez parezca infantil comprar más pintura u otro rompecabezas de 1 000 piezas, o gastar en un nuevo título en pasta dura si tu biblioteca lo tendrá en algunos meses, pero es obvio que, en apariencia, es más difícil propiciar la diversión con esfuerzo. Para equilibrar la balanza necesitas trabajar de manera consciente, tanto en lo económico como en la atención que se requiere para tomar la diversión en serio, pero recuerda: el tiempo de ocio es demasiado valioso para ser ociosos con nuestro ocio. Así que haz lo que sea necesario para propiciar la diversión con esfuerzo y lánzate de lleno.

3. Programa un temporizador.

Si las dos sugerencias anteriores no te funcionan, tal vez esta sí. La regla de disfrutar de la diversión con esfuerzo antes de la de sin esfuerzo o mecánica no significa que debas hacer algo durante horas ni que tengas que renunciar a la diversión más simple. Puedes comprometerte a tener diversión con esfuerzo solo unos minutos. Diez minutos me parece razonable, pero si sientes demasiada reticencia, incluso dos serían buenos. El objetivo es cambiar el flujo

Regla 9. Mejor con esfuerzo que sin esfuerzo

automático de tus actividades. Si te dices a ti mismo que lo único que se interpone entre tú y una noche de lectura de respuestas mordaces en Twitter o de varios capítulos en bucle en Netflix son unos minutos de diversión con esfuerzo, tal vez tengas más disposición a tomar tu libro o tus pinceles. Lo más probable es que la diversión intrínseca de esta actividad te inste a continuar y hagas más, pero, si no, en fin. Siempre puedes leer un capítulo de *Guerra y paz* en cinco minutos y luego pasar horas viendo *Selling Sunset*, y continuar siendo el tipo de persona que hace ambas cosas.

Los resultados

A pesar de las diversas inquietudes, la mayoría de los participantes de Un martes más tranquilo accedió a poner a prueba esta regla. Durante la semana, antes de entregarse al entretenimiento pasivo, pasaron algunos minutos leyendo, haciendo manualidades, armando rompecabezas o poniéndose en contacto con sus amigos y familiares. El veredicto fue positivo: al final de la semana, el deseo de continuar ascendía a 6.11 en una escala de 7 puntos, lo que significa que casi todos pensaron o estuvieron de acuerdo en que valía la pena hacer el intento.

Los resultados fueron impresionantes. Cuando concluyó el estudio, las calificaciones para la pregunta de si la gente se sentía feliz respecto a la manera en que usó su tiempo de ocio el día anterior habían aumentado 20 por ciento. Las calificaciones para la pregunta de si la gente sentía que no había desperdiciado su tiempo en actividades irrelevantes aumentaron 32 por ciento. Al finalizar el estudio, estas cifras permanecieron elevadas un mes y tres meses, respectivamente.

La sensación de no desperdiciar tiempo se tradujo en todo tipo de sentimientos positivos. "Tiempo para crecer —escribió alguien—, fue mágico". Alguien más dijo que el hecho de entregarse por fin a un tipo de diversión con esfuerzo "restauró mi alma". Como me parece que nadie ha afirmado aún que deslizar la pantalla del celular durante 45 minutos le haya restaurado el alma, no creo que sea descabellado decir que la diversión con esfuerzo puede proveer un descanso mental de más calidad que la diversión sin esfuerzo, incluso si el esfuerzo es mínimo.

La sensación de expansión de la felicidad que se produjo al disfrutar de diversión con esfuerzo hizo que muchos participantes sintieran que su tiempo se volvía más memorable. Como eligieron de forma activa hacer algo satisfactorio con sus ratos de ocio en medio del caos cotidiano, cobraron conciencia de que esos periodos de entretenimiento estaban sucediendo. Pasaron el tiempo de manera más consciente y eso permitió que incluso los periodos breves se sintieran más amplios que si se hubieran entregado a actividades triviales.

"Esta semana tuve mucho trabajo, y si no hubiera disfrutado de la diversión con esfuerzo, me parece que habría sentido una carga mayor, más abrumadora —escribió alguien—. Al final, habría sentido que no hice nada más que trabajar. Gracias a esta diversión compleja mi semana de trabajo fue más grata y sentí que, al menos, tuve algo de tiempo para mí". Cuando miras en retrospectiva una semana caótica y notas que de todas formas tuviste tiempo de leer una novela completa, lo cual es factible leyendo 30 minutos diarios, tu narrativa puede cambiar por completo. La vida no es solo una rutina, en medio del caos siempre hay tiempo para las actividades que disfrutas.

Los participantes empezaron a usar su tiempo confeti para diversión con esfuerzo y luego se sintieron inspirados a hacerlo más. "Es casi como una búsqueda del tesoro —escribió alguien—: ¿Dónde hay un hueco para sentirme más feliz y productivo?".

La noción de sentirse más felices apareció con mucha frecuencia en las respuestas. "Me sentí más optimista y vigorizado", escribió

Regla 9. Mejor con esfuerzo que sin esfuerzo

una persona. Otros percibieron una sensación general de tranquilidad que les permitió ser más pacientes y comprometerse más en el trabajo y el hogar.

Tengo la sospecha de que esta alegría se debe, al menos en parte, a la sensación de avanzar, la cual, de acuerdo con algunas investigaciones, es fundamental para la satisfacción en el trabajo y, quizá, también en nuestra vida personal. La diversión trivial carece de este elemento de progreso. Ver todos los capítulos de una serie con un buen guion no siempre es satisfactorio, y nunca llegaremos al final de las imágenes en Instagram. En cambio, si completas 12 de los 250 pasos del set de LEGO, *verás los resultados*. Cuando leas 75 páginas más, tu separador de libros cambiará de lugar. "Terminé de leer un libro en tres días, fue fabuloso", escribió alguien. Otro participante notó: "Si no hubiera aplicado esta regla, ¡nunca me habría dado tiempo para avanzar en este proyecto [creativo]! Me cambió la vida".

Cada vez que decidimos de qué manera usaremos nuestro tiempo, nos sentimos más satisfechos. "Me sentí feliz de terminar esta lectura antes de irme a acostar, en lugar de ver las repeticiones de un programa de televisión sin prestarles mucha atención —escribió alguien—. Sentí como si estuviera ocupando mi tiempo con sabiduría y asumiendo el control en lugar de actuar sin pensar".

En muchos casos, la decisión de divertirnos deslizando una pantalla es producto de una reacción. Es algo automático, y el hecho de desperdiciar horas sin una verdadera intención puede hacernos sentir más reactivos respecto al tiempo en general. Podemos sentirnos fatigados, como si el tiempo nos pasara encima sin nuestro permiso. En cambio, tomar decisiones conscientes nos vigoriza. Un participante que reflexionó respecto a la regla notó que "al comparar las noches que pasaba deslizando la pantalla con las que invertí en leer esta semana, puedo decir que leer me da más. Deslizar una pantalla al azar solo engulle mi tiempo, de pronto me doy cuenta de que llevo media hora haciéndolo".

Esta vigorización se manifestó de maneras muy diversas. Uno de los participantes de Un martes más tranquilo dijo que comprometerse con la diversión con esfuerzo "¡me permitió tener sexo por fin!". Permíteme explicarte. Aunque podría serlo, ¡tener sexo no fue en sí la diversión con esfuerzo que eligió! Esta pareja se dio cuenta de algo: "Si vemos televisión justo después de cenar y luego esperamos hasta estar en la cama para ver si nos sentimos 'animados', por lo general ya estamos demasiado cansados". En cambio, como ambos se pusieron a leer, después sintieron que todavía tenían energía suficiente para todo tipo de diversión. Un resultado mágico, sin duda.

La ensoñación diurna también cuenta

Muy pocos participantes sintieron que esta regla no era para ellos, pero después de leer sus explicaciones, noté que, en muchos casos, hablábamos de lo mismo.

Una persona, por ejemplo, dijo que no estaba de acuerdo en que el ocio debería implicar esfuerzo.

"Con frecuencia solo me relajo en la cama, me quedo al lado de mi bebé sin hacer nada", escribió. Al decir "nada", en realidad se refería a una ensoñación diurna. "Estoy de acuerdo en que no es satisfactorio solo encontrar una actividad trivial. Es decir, deberíamos evitar deslizar la pantalla del celular. Sin embargo, si no hago eso ni veo televisión, solo relajarme y no hacer nada por unos 30 minutos al día me hace tan feliz como una actividad que requiere esfuerzo. Esta capacidad de 'relajarme/hacer nada' la desarrollé de manera consciente durante la pandemia. Aprendí a desacelerar y encontrar 'tiempo para mí' ".

Estoy totalmente de acuerdo con esto. En efecto, diría que, en un mundo en el que el acceso digital es constante, elegir "hacer nada" de manera consciente puede requerir bastante esfuerzo. Aunque mi deseo es que la gente lea o se haga espacio para otros tipos de diversión, el objetivo final de esta regla es eludir las actividades mecánicas que suelen consumir una parte del día más extensa de lo que la gente imagina, como el hecho de pasar tiempo deslizando una pantalla que esta participante decidió rechazar. Así que, adelante, contempla a un bebé dormir, ve a un lugar bello o siéntate junto a la ventana a ver el clima tempestuoso. Solo contempla. Bebe una taza de café y no mires el celular sino hasta que hayas bebido la última gota. Yo no diría que eso es "hacer nada", es tiempo dedicado al asombro, un tipo de tiempo del que carecemos en el mundo actual.

Cómo cambiar nuestra relación con el ocio y el entretenimiento

Uno de los lamentos más comunes respecto a disfrutar en primer lugar de la diversión con esfuerzo fue que a la gente le frustraba hacer caber su diversión en periodos breves. Un libro lo suficientemente bueno te hará desear que tus colegas inicien las llamadas de trabajo más tarde de lo planeado. Aunque tal vez debas admitir que, como dijo un participante, "es mejor tener periodos breves de diversión que no tenerlos".

No obstante, también puedes canalizar esta frustración tratando de encontrar periodos más extensos para divertirte de un modo más complejo. Usualmente, el tiempo está ahí, incluso si tienes una vida ocupada. Este es un debate más matizado que a menudo surgió durante la pandemia de covid-19, respecto a la manera en que la gente usa su tiempo de ocio.

Al principio del confinamiento, por primera vez en mucho tiempo, mucha gente puso en marcha estrategias para divertirse con esfuerzo. En los periódicos se leía que habíamos cambiado para siempre la manera de organizar nuestro tiempo. ¡Estábamos aceptando con alegría la desaceleración de la vida! Es cierto que, gracias a los nuevos "panaderos" en casa, la industria de la levadura comercial empaquetada tuvo un auge. Un set de LEGO que captó mi atención se vendió tan rápido que tuve que recurrir a eBay. La sensación general era que, como lo expresó Riche Holmes Grant, una madre empresaria y creadora de contenidos: "¿Cuándo más se detendrá el mundo y yo tendré la oportunidad de tomar clases virtuales de diseño de arreglos florales?".

Antes de la pandemia, Riche estaba tan sumergida en la velocidad de la vida como todos los demás, y se le dificultaba encontrar tiempo para la diversión compleja. Cuando estudiaba Derecho, en una ocasión trabajó durante el verano en el Museo Guggenheim de Nueva York y para conmemorar su experiencia compró un set de LEGO que reproducía el museo. El set se quedó en una repisa durante años, sin que nadie lo tocara, y mientras tanto, ella viajaba para sus reuniones y llevaba a Riley, su hija, a la clase de ballet y a muchas otras actividades.

Luego la pandemia liberó los horarios de la gente y, como no había mucho más que hacer, Riche tomó el set del Guggenheim de la repisa y lo armó. Luego compró más sets y construyó los principales monumentos de París. También hizo uno de un arreglo floral. Su apetito por la diversión con esfuerzo creció y, entre otros pasatiempos, probó el diseño floral y la pintura.

La pandemia le abrió los ojos a la posibilidad de encontrar tiempo para actividades creativas más allá de su empleo pagado y, sin embargo, admite que antes de eso habría podido hacerse un espacio aquí y allá. Incluso armar el set de LEGO más complicado debe tomar poco más de 10 horas. El año tiene 8 760. Haga lo que haga la gente, un set de LEGO no tiene por qué quedarse abandonado en una repisa durante décadas.

El fenómeno que en realidad se produce tiene que ver con la infinidad de opciones. En un estudio fascinante, los investigadores descubrieron que la gente con ingresos más elevados sentía más estrés que la que percibía menos dinero a pesar de que invertía la misma cantidad de tiempo en el trabajo pagado o las actividades del hogar. El dinero le daba a la gente con ingresos elevados una variedad más amplia de opciones para pasar el tiempo libre, pero su día tenía las mismas 24 horas que los demás, y eso era lo que provocaba la angustia.

En resumen, si lo económico nos da acceso a todo, nos da la impresión de que tenemos menos tiempo porque la abundancia de opciones nos hace sentir que podríamos estar equivocándonos al decidir.

"Así funciona el mundo —explica Riche—. Si no haces una actividad, te preguntas, ¿me estaré perdiendo de algo? ¿Mis niños deberían vivir esto?".

Esta cautela, el deseo de mantener las opciones abiertas, hace que tendamos a elegir cosas que no percibimos del todo como tales. Cuando estamos en las redes sociales, en un instante podríamos cambiar de sitio y ser productivos en la bandeja de correo electrónico, pero construir el Guggenheim con un set de LEGO es como clavar una bandera en una colina de tiempo y declararla propiedad del entretenimiento. Durante la pandemia, cuando no podías ir a la clase de ballet, salir a un restaurante con tus colegas o asistir a una reunión de la junta directiva de una ONG, el tiempo parecía menos saturado y por eso la gente buscó maneras de ocuparlo en lugar de desperdiciarlo siendo pasiva.

Lo que cambió para Riche no fue cuánto tiempo más tuvo, sino, más bien, descubrió que el ocio que exige esfuerzo es algo maravilloso y debería ser una prioridad entre las distintas actividades. Hoy en día, a pesar de que el mundo está reabriéndose, cada vez que tiene tiempo libre elige pintar en lugar de ver televisión.

Cuando disfrutamos primero de la diversión con esfuerzo, no nos quedamos mirando la vida y el tiempo pasar de forma mecánica, sintiéndonos más viejos que cuando empezamos una actividad. No tenemos que eliminar nada de nuestra vida, solo equilibrar la balanza.

"Todavía hago cosas que no exigen esfuerzo, pero en las noches trato de darle prioridad a la diversión de mayor exigencia y, gracias a eso, he cambiado la cantidad de tiempo que le asigno a cada tipo de actividad —escribió una de las participantes de Un martes más tranquilo, tres meses después de que terminó el proyecto—. En lugar de pasar 20 minutos deslizando la pantalla de mi celular y cinco leyendo antes de dormir, ahora casi todas las noches leo 20 minutos y veo el celular solo cinco".

A pesar de tener una vida sumamente ocupada, esta persona encontró casi dos horas para leer cada semana. Está desperdiciando menos tiempo en cosas irrelevantes: ese es el poder de esta sencilla regla.

Da el siguiente paso: mejora la calidad de tus ratos

Leer continúa siendo la forma más sencilla de diversión con esfuerzo útil para los periodos breves. Si sientes que los ratos aislados se te escapan de las manos, refuerza el hábito de "Mejor con esfuerzo que sin esfuerzo": lee un libro antes de mirar tu teléfono celular.

Una vez que te sientas cómodo leyendo, extiende esos periodos breves. Verás que serán más numerosos en cuanto los notes. Hay muchos pasatiempos, incluso los que menos te imaginas, que podrían convertirse en "micropasatiempos" y permitirte sentir un progreso en unos minutos. Por ejemplo:

> MÚSICA: Si cuando tus niños se acuestan empiezas a tocar el piano o, quizá, un teclado electrónico con audífonos u otro tipo de instrumento, podrías usar algunos ratos a lo largo del día para ver videos de YouTube en donde otros

Regla 9. Mejor con esfuerzo que sin esfuerzo

músicos interpreten la pieza que estás aprendiendo. Para cuando te sientes a practicar en la noche habrás asimilado las distintas versiones y tendrás una nueva percepción sobre cómo tocar el tema. Si trabajas en casa, trata de mantener tu instrumento a la mano. Tal vez alguien cancele una llamada y puedas practicar varias veces una sección complicada y, más tarde, cuando estés precalentando el horno para la cena, podrías tener un rato más para repetirla.

ARTE: La mayoría de la gente no llevaría sus pinturas de óleo y su caballete a la oficina, pero, si, por ejemplo, estás pintando una escena de colibríes en un jardín, podrías comprar por internet un hermoso libro con ilustraciones de esta ave y hojearlo entre una y otra reunión, o entre las citas que tengas con tus pacientes. También puedes inspirarte viendo las colecciones en línea de los museos. En cinco minutos podrías comparar la manera en que tres pintores diferentes representaron las manzanas y sacar de ahí ideas para tu sesión de pintura de naturaleza muerta del fin de semana. Si tienes un rato un poco más amplio, podrías incluso empezar a trazar un boceto. También hay otros tipos de arte que se prestan para practicarlos en el tiempo confeti. Toma unas 10 fotografías de esa sombra intrigante que notaste al pasar por cierta calle. Podrías bordar a ratos en punto de cruz o usar una aplicación para crear un collage.

PANADERÍA: Un aspirante a panadero podría usar sus ratos perdidos para explorar nuevas recetas o ver videos de alguna técnica difícil de dominar. Abrir una cuenta en redes sociales para seguir solo a panaderías y estilistas gastronómicos te permitiría usar tus ratos para enfocarte en algo creativo; leer blogs gastronómicos te hará sentir más vigorizado que ver la actualización de las noticias todo el tiempo.

JARDINERÍA: Revisa listas de árboles ornamentales que podrías comprar para tu jardín y estudia composiciones de paisajismo de alto nivel que haya en otros lugares. Lee un artículo en una revista de jardinería u hojea libros de la biblioteca sobre jardines en climas completamente distintos al tuyo. Los días que trabajes desde casa, usa pantalones que puedas ensuciar un poco. Diez minutos son suficientes para arrancar algo de maleza, plantar unos bulbos o arreglar los tallos de las flores que quieres poner en el florero sobre tu escritorio.

Otra cosa que podría ayudarte es pensar que tu diversión favorita con esfuerzo es una especie de misión. ¿Cómo podrías encontrar espacios a lo largo del día para avanzar en esta aventura? Esto estimulará tu curiosidad en lugar de hacerte sentir que se trata de una productividad impuesta. Nadie necesita usar cada minuto de su tiempo, pero me parece que vale la pena no desperdiciar ni uno. Estar dispuesto a aprovechar nuestros ratos aislados nos abre muchas posibilidades y nos brinda más alegría de la que podríamos imaginar.

Es tu turno:
mejor con esfuerzo que sin esfuerzo

Preguntas de planeamiento:

1. ¿Cuáles son tus tipos favoritos de diversión con esfuerzo, es decir, la que requiere algo de planeación, coordinación o conciencia?

Regla 9. Mejor con esfuerzo que sin esfuerzo

2. ¿Qué actividades de esparcimiento sueles realizar por las noches antes de dormir o en tu tiempo libre los fines de semana?
3. ¿Cuánto tiempo, en minutos, calculas pasar en redes sociales un día común? ¿Y los fines de semana? ¿En qué momento del día entras a las redes?
4. ¿Cuánto tiempo, en minutos, calculas pasar viendo televisión u otro tipo de entretenimiento en video en un día común? ¿Y los fines de semana?
5. Si eligieras una forma de diversión "con esfuerzo" para hoy, antes de ver televisión o revisar tu celular, ¿cuál sería?
6. ¿Qué podría impedirte disfrutar de la diversión con esfuerzo antes de la diversión sin esfuerzo?
7. ¿Qué necesita suceder para garantizar que uses tu tiempo en una diversión compleja primero?

Preguntas de implementación:

1. Piensa en la semana pasada. ¿Para qué tipos de diversión "con esfuerzo" te diste tiempo?
2. ¿Cuándo elegiste darte tiempo para este tipo de diversión?
3. ¿Qué efectos notaste en tu vida al darte tiempo para una diversión más compleja?
4. ¿Qué impedimentos enfrentaste al tratar de disfrutar de la diversión con esfuerzo antes de la diversión sin esfuerzo?
5. ¿Cómo lidiaste con ellos?
6. Si tuviste que modificar la regla, ¿cómo lo hiciste?
7. ¿Qué tan probable es que continúes aplicando esta regla en tu vida?

CONCLUSIÓN

Cualquier buen artista conoce el secreto para asombrar a su público: aumentar la dificultad por grados, hasta que nadie pueda creer lo que está haciendo. El acróbata mantiene el equilibrio sobre una esfera que se ve tambaleante, y luego añade una charola sobre su cabeza y una serie de platos, uno por uno, hasta casi llegar al techo. El payaso primero hace malabares con cuatro pelotas, luego cinco, y después añade dos más. En cuanto parece que ya no podría aumentar la dificultad, la luz se apaga y las pelotas se encienden. ¡Está haciendo malabares en la oscuridad!

Me parece que este tipo de espectáculos son hipnotizantes, tal vez porque la vida suele ser similar a un acto circense. Estableces las semanas por nivel de dificultad, la primera comienza con un viaje por tu empleo y un trabajador que vendrá a casa a reparar el techo. Nada mal. Luego añadimos los arreglos para que alguien cuide a los niños, y el perro come algo que le cae mal. El público empieza a murmurar. Añadimos la solicitud de propuesta de un nuevo cliente, una defensa doblada en un estacionamiento y un niño que, la mañana de una presentación escolar importante, descubre que los pantalones de vestir ya no le quedan. Otro anuncia que se acaba de inscribir a un club con actividades después de clases que se reúne distintos días y cuya duración varía, por eso no tomó el autobús a casa esta tarde y ahora te envía un mensaje de texto para avisarte que necesita que alguien vaya a recogerlo en los próximos 10 minutos. La audiencia se inclina al frente. ¿Comenzarán a volar las pelotas ahora?

El proyecto de construir una buena vida puede ser complicado, en especial si implica forjar una carrera de un alto nivel de exigencia, criar una familia o lanzarte de lleno a perseguir otro sueño significativo. Sin embargo, si analizas lo que hacen los buenos artistas circenses verás que lo que en apariencia es caótico, en realidad no lo es, todo está bien ensayado y se van haciendo los ajustes necesarios. Hay buenos sistemas para administrar los crecientes niveles de dificultad; si observas con atención, verás que el rostro debajo de la inestable serie de platos de porcelana se mantiene sereno. Es un día más de trabajo. Entre todo el ridículo, aún es posible divertirse.

Así es como veo las reglas de Un martes más tranquilo. Implementar estos hábitos en nuestra vida toma tiempo, pero en cuanto se integran a la narrativa del fondo pueden aplacar el caos y ayudarnos a encontrar tiempo para lo que importa: aunque el circo de la vida continúe. Porque, en realidad, esperar que desacelere pronto es una locura. Estos hábitos pueden ayudarnos a disfrutar de la vida tal como se presenta ahora, lo que al principio parece difícil, con el tiempo empezará a sentirse sencillo.

Para confirmar esta teoría, en agosto de 2021 les di seguimiento a los participantes de Un martes más tranquilo: seis meses después del inicio y tres después del final. Le pedí a cada uno de ellos que me enviara sus reflexiones sobre el proyecto y sobre cómo le dio forma a su vida.

La buena noticia es que los niveles de satisfacción se mantuvieron elevados de manera general en mi escala. Respecto a la sección sobre cómo pasó la gente su tiempo *el día anterior*, la cual incluía preguntas sobre la energía, el progreso en los objetivos y no desperdiciar el tiempo, hubo un incremento de 15 por ciento entre la

Conclusión

encuesta inicial y la del seguimiento final. La satisfacción en torno a cómo pasaron su tiempo *en general* aumentó 18 por ciento. En resumen, los resultados fueron significativos desde el punto de vista estadístico.

Les pedí a los participantes que reflexionaran sobre los cambios específicos que hicieron. Aunque citaron beneficios prácticos en cuanto a las reglas en lo individual, al pensar en ellas de modo general, muchos señalaron que la principal dificultad fue cómo percibían el tiempo y su vida.

"Las reglas me han ayudado a esforzarme de una manera más consciente a usar bien mi tiempo. Principalmente, porque me permitieron sentir que mi vida era algo más que una interminable lista de pendientes", escribió alguien.

Otra persona que habló de la intención consciente señaló: "Lo que más me enorgullece fue que modifiqué el discurso que me decía a mí mismo. Ahora tengo tiempo para lo importante y también para la diversión".

Para mucha gente, adoptar una perspectiva semanal fue en particular útil porque le ayudó a transformar la idea que tenía de carencia de tiempo hacia una percepción de abundancia.

"Ahora siempre le pongo atención al tiempo por semana, y eso me ha servido para mejorar en gran medida mi habilidad para planificar —escribió una participante—. Siento que tengo una mejor noción para priorizar las tareas que quiero realizar [y], si no noto un progreso diario, no siento que he fracasado. ¡Lo que importa es el progreso semanal!". Alguien más escribió: "En lugar de enfocarme en un día 'perdido', veo el panorama general (al planear y en retrospectiva)".

A menudo, las reglas se convierten en mantras. "Algunas frases de *Un martes más tranquilo* se han incorporado a mi diálogo interior —dijo alguien—. Por ejemplo, cuando los niños se van a dormir, pienso en lo que quiero hacer y escucho una voz que me dice:

'¡Mejor con esfuerzo que sin esfuerzo!'. A veces sigo el consejo, a veces no, ¡pero cada vez lo sigo más!".

A medida que las reglas fueron haciendo más eco en la mente de los participantes (y lo admito, ¡me gusta imaginar que escuchan mi voz!), empezaron a gozar de más tranquilidad en su vida. "Como soy una persona que se estresa por naturaleza, siento ansiedad respecto al tiempo y a realizar suficientes tareas —explicó alguien—. Gracias a Un martes más tranquilo estoy comprendiendo que [la vida] es algo más que agachar la cabeza y trabajar". Guiándose por el mantra de "Una gran aventura, una pequeña aventura", esta persona dijo que pudo darse tiempo para aventuras cortas en la semana, como asistir a una de las sesiones de Zoom que ofrece el museo de arte local. En cuanto la vida le mostró que no tenía por qué sentir ansiedad por los pendientes, su tiempo empezó a transformarse.

Hubo más diversión y una sensación de mayor calma en medio del ajetreo.

"Creo que lo que más me enorgullece es sentirme en control —dijo alguien que dio el siguiente ejemplo—: Hacer cosas como tomarme tiempo al principio de la semana para el desarrollo profesional en lugar de dejarlo para los viernes, y usar este día para crear tiempos de respaldo y planificar, me hizo sentir que las crisis laborales me afectaban menos y que era más adaptable y capaz de lidiar mejor con lo que surgiera entre el lunes y el viernes".

El tiempo es valioso y abundante, cuando la gente empezó a cambiar su percepción de las horas también comprendió esta paradoja.

"Creo que ahora protejo más mi tiempo, no solo digo 'no' a más cosas que no siento que estén relacionadas con mis prioridades, también me entrego de lleno a las actividades que me parecen más productivas —escribió alguien—. Me estoy cuidando más y protejo mis relaciones personales más significativas. Para ser honesto, estoy orgulloso de mí mismo por haber participado en este estudio a pesar de encontrarme en un momento muy difícil de mi vida".

Conclusión

En efecto, fue un tiempo difícil, lo sigue siendo ahora, a principios de 2022, mientras escribo esto y vemos que las nuevas variantes de covid empiezan a crear problemas en los horarios de la gente. Quién sabe qué crisis tengamos que enfrentar después. Nadie puede controlar las fuerzas que dan forma a la existencia, pero a pesar de las turbulencias inmanejables, podemos actuar y manipular nuestro tiempo. Y cuando surge lo incontrolable, al menos podemos decidir cómo sentirnos al respecto.

"En un tiempo de caos absoluto, este proyecto me hizo sentir optimista. Y lo necesitaba. Muchísimo", escribió una participante.

Yo también lo necesitaba. Por eso, conforme avanzo en el circo diario que es mi vida, me esfuerzo al máximo por seguir mis propias reglas. Me acuesto a la hora que fijé, los viernes planeo mi semana, me muevo antes del mediodía, me aseguro de que todo lo que me importa, como las comidas familiares, se lleve a cabo por lo menos tres veces por semana, creo espacios libres y periodos de respaldo, planeo mis aventuras, me tomo una noche libre para asistir a la práctica del coro, agrupo las tareas triviales, y leo o armo rompecabezas antes de ver mi celular y leer los encabezados de las noticias. Al menos, hago todo esto buena parte del tiempo. Algunos días, ciertas reglas se sienten más factibles que otras, pero sé que, justo cuando llegan periodos frenéticos, es cuando más debo apegarme a ellas: cuando el circo de tres pistas está repleto, cuando estoy rodeada de cajas después de una mudanza, cuando las clases pasan al modo virtual, cuando el refrigerador nuevo desaparece en el limbo de la cadena de distribución.

"Creo que este proyecto ha sido muy útil para formar hábitos y ayudarme a destruir el mito de que no tengo tiempo para hacer las cosas que quiero —escribió alguien—. Claro que lo tengo, solo necesito ser disciplinado".

Todos necesitamos serlo. La buena noticia es que, con el tiempo, a medida que los surcos del hábito se hacen más profundos, todo se vuelve más sencillo. ¿Por qué no empezar ahora? No te prometo que las reglas de Un martes más tranquilo harán un milagro en tu vida de la noche a la mañana porque algunas necesitan tiempo para mostrar sus efectos, pero gracias a miles de datos y a observaciones sobre el tiempo equivalentes a una novela, sé que funcionan. Si a otras personas con vidas complicadas les resultaron útiles, lo más probable es que a ti también te sirvan. Algunas reglas cambiarán tu vida para el próximo martes, y otras… poco a poco revelarán su magia y te harán sentir que la vida es más factible todos los martes por venir.

AGRADECIMIENTOS

Agradezco a todas las personas que ayudaron a que el proyecto Un martes más tranquilo y la publicación de este libro se realizaran.

En primer lugar, aprecio que tanta gente se haya dado el tiempo para participar en la encuesta, tanto en su fase piloto del otoño de 2020, como en la fase principal de primavera de 2021. La gente compartió sus dificultades y sus triunfos, sus respuestas hicieron que este libro fuera posible. También les agradezco a quienes, en el periodo en que yo estaba reduciendo la cantidad de reglas, estuvieron de acuerdo en que les "renovara el horario" para mi blog. Muchas de sus historias aparecen en el libro, junto a las reflexiones de los expertos y de otras personas fascinantes.

Le agradezco a Jessica Webb haber diseñado la encuesta de Un martes más tranquilo, y recopilar y analizar los resultados. Su atención en los detalles y su capacidad de identificar las respuestas que valía la pena destacar hicieron que la experiencia de la escritura del libro fuera mucho más serena de lo esperado.

Para reclutar a los participantes del proyecto Un martes más tranquilo, y para redactar y administrar los correos electrónicos enviados a los participantes, necesité un buen equipo digital. Por suerte, Nancy Sheed y Lizzy Fox se aseguraron de que miles de elegantes mensajes llegaran a los destinatarios correctos.

Le agradezco a Emilie Stewart haberme ayudado a darle forma a la propuesta y trabajar con Portfolio para definir los contornos del libro. Muchas gracias a Leah Trouwborst por adquirirlo, y a Kimberly Meilun por su paciente y razonada edición, así como al resto del equipo de Portfolio por la corrección, el diseño y la publicidad.

A lo largo de los años, en mi podcast he hablado sobre muchas de las ideas que aquí aparecen. Agradezco a Sarah Hart-Unger por ser mi entusiasta coanfitriona en "Best of Both Worlds", y a iHeartMedia, en especial a Lowell Brillante, por producir el podcast "Before Breakfast".

Escribir suele ser una tarea solitaria, por eso aprecio el apoyo de otras escritoras y escritores. Katherine Lewis y KJ Dell'Antonio me proveyeron ánimo y estímulo cada semana, en tanto que mi grupo de estrategias para la escritura formado por Chris Bailey, Camille Pagán, Katherine J. Chen y Anne Bogel me dio muchas ideas geniales y me alejó de las malas. También agradezco a otros grupos que me mantuvieron animada para escribir, a los cuales pertenezco, pero que operan de forma anónima. Los secretos hacen que la vida sea más interesante.

Y hablando de mantener la vida interesante, debo decir que mi familia no deja de darme nuevo material para escribir. Muchas gracias a Michael por su apoyo, y a los niños, Jasper, Sam, Ruth, Alex y Henry, por estar dispuestos a probar las aventuras que propongo. La vida a menudo es un circo, pero creo que nos va bastante bien tratando de tener Un martes más tranquilo y divertirnos mucho en el proceso.

APÉNDICE

La escala de satisfacción con el tiempo

Por favor indica qué tan de acuerdo estás con las siguientes afirmaciones (de "estoy totalmente de acuerdo", a "no estoy de acuerdo en absoluto").

(1 = no estoy de acuerdo en absoluto; 2 = estoy en desacuerdo; 3 = estoy en desacuerdo hasta cierto punto; 4 = no estoy de acuerdo ni en desacuerdo; 5 = estoy de acuerdo hasta cierto punto; 6 = estoy de acuerdo; 7 = estoy totalmente de acuerdo)

Ayer tuve suficiente tiempo para las actividades que quería hacer.
1 2 3 4 5 6 7
Ayer dormí lo suficiente para sentir que descansé bien.
1 2 3 4 5 6 7
Ayer avancé en mis metas profesionales.
1 2 3 4 5 6 7
Ayer avancé en mis metas personales.
1 2 3 4 5 6 7
Ayer tuve suficiente energía para cumplir con mis responsabilidades.
1 2 3 4 5 6 7
Ayer me sentí feliz por la manera en que usé mi tiempo de ocio.
1 2 3 4 5 6 7
Ayer no desperdicié tiempo en actividades que no son importantes para mí.
1 2 3 4 5 6 7
En general, tengo suficiente tiempo para las cosas que quiero hacer.
1 2 3 4 5 6 7
En general, tengo energía para las cosas que quiero hacer.
1 2 3 4 5 6 7
En general, me siento bien respecto a mis relaciones y el progreso en mis prioridades personales.
1 2 3 4 5 6 7
En general, la manera en que paso mi tiempo coincide con mis prioridades y valores.
1 2 3 4 5 6 7
Tengo tiempo solo para mí de manera regular.
1 2 3 4 5 6 7

NOTAS

33 **en 2020, la persona promedio durmió:** American Time Use Survey, Tabla 1, "Time spent in primary activities and percent of the population engaging in each activity, averages for May to December, 2019 and 2020", www.bls.gov/news.release/atus.t01.htm.

33 **los padres empleados con niños:** American Time Use Survey, Tabla 8B, "Time spent in primary activities for the civilian population 18 years and over by presence and age of youngest household child and sex, 2019 annual averages, employed", U.S. Bureau of Labor Statistics, www.bls.gov/news.release/atus.t08b.htm.

34 **como lo describió la socióloga Arlie Hochschild en una ocasión:** A. Hochschild, *The Second Shift: Working Families and the Revolution at Home*, Penguin, Nueva York, 1989, p. 10.

34 **encuesta anual Sleep in America:** National Sleep Foundation, Sleep in America Poll 2020, comunicado de prensa: "Americans Feel Sleepy 3 Days a Week, With Impacts on Activities, Mood & Acuity", www.thensf.org/wp-content/uploads/2020/03/SIA-2020-Report.pdf.

49 **como dice Benjamin Spall:** Benjamin Spall, entrevista con el autor.

69 **Hay una famosa cita de Dwight Eisenhower:** D. Eisenhower, "Remarks at the National Defense Executive Reserve Conference", 14 de noviembre de 1957, www.presidency.ucsb.edu/documents/remarks-the-national-defense-executive-reserve-conference.

82 **el ejercicio regular es tan efectivo como:** Véase, por ejemplo, S. Kvam, C. L. Kleppe, I. H. Nordhus y A. Hovland, "Exercise as a treatment for depression: a meta-analysis", *J. Affect Disord*, 202 (2016): 67-86.
82 **el ejercicio funciona para:** Véase, por ejemplo, G. Soares Passos *et al.*, "Is exercise an alternative treatment for chronic insomnia?", *Clinics*,